Historia de Italia

Una guía fascinante de la historia de Italia, desde los primeros asentamientos, pasando por la Edad Media, hasta la época moderna

© Copyright 2021

Todos los derechos reservados. Ninguna parte de este libro puede ser reproducida de ninguna forma sin el permiso escrito del autor. Los revisores pueden citar breves pasajes en las reseñas.

Descargo de responsabilidad: Ninguna parte de esta publicación puede ser reproducida o transmitida de ninguna forma o por ningún medio, mecánico o electrónico, incluyendo fotocopias o grabaciones, o por ningún sistema de almacenamiento y recuperación de información, o transmitida por correo electrónico sin permiso escrito del editor.

Si bien se ha hecho todo lo posible por verificar la información proporcionada en esta publicación, ni el autor ni el editor asumen responsabilidad alguna por los errores, omisiones o interpretaciones contrarias al tema aquí tratado.

Este libro es solo para fines de entretenimiento. Las opiniones expresadas son únicamente las del autor y no deben tomarse como instrucciones u órdenes de expertos. El lector es responsable de sus propias acciones.

La adhesión a todas las leyes y regulaciones aplicables, incluyendo las leyes internacionales, federales, estatales y locales que rigen la concesión de licencias profesionales, las prácticas comerciales, la publicidad y todos los demás aspectos de la realización de negocios en los EE. UU., Canadá, Reino Unido o cualquier otra jurisdicción es responsabilidad exclusiva del comprador o del lector.

Ni el autor ni el editor asumen responsabilidad alguna en nombre del comprador o lector de estos materiales. Cualquier desaire percibido de cualquier individuo u organización es puramente involuntario.

Índice

INTRODUCCIÓN 1
CAPÍTULO 1 - LA EDAD DE BRONCE EN ITALIA Y LOS PRIMEROS ASENTAMIENTOS 4
CAPÍTULO 2 - LA EDAD DE HIERRO Y LA ITALIA PRERROMANA 16
CAPÍTULO 3 - ITALIA EN LA ÉPOCA ROMANA..28
CAPÍTULO 4 - LA ITALIA BÁRBARA Y BIZANTINA....................................51
CAPÍTULO 5 - EL REINO DE LOS LOMBARDOS Y EL SURGIMIENTO DE LOS ESTADOS PONTIFICIOS 65
CAPÍTULO 6 - EL LUGAR DE ITALIA EN EL SACRO IMPERIO ROMANO GERMÁNICO 74
CAPÍTULO 7 - EL RENACIMIENTO EN ITALIA..87
CAPÍTULO 8 - LA HISTORIA MODERNA DE ITALIA..................................97
CONCLUSIÓN..114
VEA MÁS LIBROS ESCRITOS POR CAPTIVATING HISTORY 116
REFERENCIAS..117

Introducción

No es fácil trazar la frontera entre la historia de Italia y la de Roma. En muchos lugares, las dos entidades políticas y geográficas chocan. No serían posibles la una sin la otra, pero cada una tiene su propia historia. La historia de Roma es solo un pequeño fragmento de la historia de Italia. Aunque es solo una ciudad, Roma fue la cuna de la república, de un gran imperio y de notables filósofos, poetas y artistas. Pero a mayor escala, Roma expandió sus fronteras, extendiéndose no solo por Italia, sino por todo el mundo conocido. En ese contexto, Roma dejó de ser solo una ciudad; se convirtió también en un símbolo imperial universal y el orgullo de Italia.

Italia no fue una nación unida hasta el siglo XIX, por lo que la historia de este país está muy fragmentada. Es tarea de diversos historiadores, arqueólogos, antropólogos, lingüistas y científicos recoger las piezas del pasado de la península y unirlas. Solo entonces tendremos una imagen clara, un mosaico si se quiere, del pasado de una de las naciones más importantes de Europa y del mundo. Y una vez que lo hayamos unido, tenemos que deconstruir el mosaico y echar un vistazo a cada fragmento para conocer los diferentes pueblos, culturas y religiones que formaron y siguen formando parte de Italia.

Se habla constantemente del Imperio romano en varios libros, obras de teatro, películas y arte. Nos enseñan sobre los emperadores mayores y menores de Italia, pero casi nadie se pregunta cómo era el resto de Italia. Puede que el Imperio romano haya unido la región geográfica de Italia a nivel político, pero no logró unir a su pueblo. Los emperadores detestaban la idea de una nación unificada, ya que la veían como una amenaza para su dominio. En cambio, trataban a los pueblos fuera de Roma propiamente dicha como extranjeros, como súbditos que debían honrar a sus grandes y sabios líderes romanos, aunque vivieran en Italia. Mientras que la Roma imperial tenía todas las ventajas de la ciudadanía, el resto de Italia estaba excluida. Al principio, la gente no podía votar, casarse, tener propiedades, heredar los bienes de sus padres, ser sacerdotes o incluso alistarse en las legiones. Sin embargo, cuando surgió la necesidad de personas y recursos durante las guerras exteriores de Roma, esta se abrió a todos los italianos.

Cuando Roma cayó finalmente debido a las invasiones bárbaras, el pueblo volvió a dividirse. Cada región tenía que luchar contra su propio enemigo y cada ciudad tenía su propio gobernante. Pero el pueblo se adaptó y aprendió a sobrevivir a la oscuridad de la Edad Media. Las constantes invasiones, las guerras y los diversos conflictos territoriales debilitaron a Italia, pero su pueblo empezó a soñar con la unificación. Sin embargo, aún era un sueño lejano. El Renacimiento y el humanismo trajeron una nueva competencia. Esta vez no era con un gobernante extranjero, sino que las ciudades luchaban entre sí por la supremacía comercial y cultural. No se trataba solo de un conflicto físico en el campo de batalla, sino que también se desarrollaba a puertas cerradas entre diplomáticos, líderes religiosos, filósofos, ingenieros, banqueros y artistas.

Muchas familias ricas se erigieron como líderes de sus ciudades, comunas o repúblicas. Pero pronto mostraron el deseo de un gobierno monárquico. Su riqueza y prosperidad solo fueron una invitación para nuevos invasores extranjeros, y los franceses, los españoles y los austriacos comenzaron a luchar por la supremacía en la península italiana.

Italia seguiría siendo el campo de batalla donde jugarían varias potencias extranjeras hasta el final de las guerras napoleónicas. Dejaron a Italia en ruinas, pero el pueblo finalmente se dio cuenta de que era necesaria la unificación. Era entonces o nunca. No podían permitirse seguir divididos y gobernados por otros, y por fin se levantaron en rebelión. Fueron necesarias tres guerras para unificar finalmente Italia en una sola nación. Finalmente nació el Reino de Italia, con Víctor Manuel II como primer rey. Por desgracia, el nieto de este rey llevaría a Italia a los desastres de la Primera Guerra Mundial, al régimen fascista de Mussolini y, finalmente, a la Segunda Guerra Mundial. Estos conflictos volvieron a poner a Italia de rodillas, y el país quedó destruido, desgarrado no solo por la guerra, sino también por los conflictos políticos internos. Era el momento de que el pueblo volviera a decir "¡no más!". El orgulloso pueblo italiano votó a favor de la república en 1946, conduciendo a su país hacia un futuro mejor y transformándolo en lo que es hoy Italia. Ahora es una tierra donde la historia está unida a la innovación y donde varias religiones y pueblos viven en paz y unidad.

Capítulo 1 - La Edad de Bronce en Italia y los primeros asentamientos

Italia siempre ha sido una tierra diversa. Hasta el día de hoy, está habitada por inmigrantes de todo el mundo, y ser italiano puede significar tener raíces en España o Albania. Esto puede verse incluso en algunos apellidos italianos, como Spagnuolo, Greco o Albano. Pero la diversidad de Italia se observa mejor si nos fijamos en su prehistoria. Antes del ascenso de Roma y su conquista del resto de la península, Italia era un mosaico de varios pueblos, culturas y tribus. Esta parte de Europa estuvo habitada desde el Paleolítico temprano, y siempre atrajo a tribus migratorias. Esto se debe a que Italia se encuentra en una perfecta ubicación geográfica, ya que en ella confluyen los caminos de todo el mundo mediterráneo. Además, conecta Europa al norte de los Alpes con las rutas marítimas hacia el Lejano Oriente. Estas rutas fueron esenciales para el comercio a lo largo de la historia.

En la prehistoria, probablemente el papel más importante de Italia era el de unir Europa con el mundo mediterráneo. Debido a esta diversidad y a la importancia de Italia, la prehistoria de la región es esencial para la prehistoria de todo el mundo. El valle del Po (la llanura Padana) es fácilmente accesible a través de los pasos de montaña del norte, y desde allí, el norte del mar Adriático está a disposición de Europa. Los barcos podían llevar a las personas y sus mercancías a los destinos del Mediterráneo. Sin embargo, fue la migración de personas, no el comercio, lo que marcó la prehistoria temprana de Italia. Las evidencias arqueológicas de diversas cerámicas se originaron en el valle del Po, pero llegaron a las costas del océano Atlántico. Las mismas evidencias de cerámica se encontraron en los yacimientos arqueológicos de Francia y Portugal, y sugieren una gran migración de pueblos desde el Mediterráneo hacia el oeste.

Desafortunadamente, existen pocas pruebas que nos permitan conocer mejor la prehistoria temprana de Italia. Aunque existen hallazgos arqueológicos, son demasiado escasos para sacar conclusiones decisivas. Los albores de la historia carecen de pruebas escritas, por lo que solo los artefactos pueden aportar información sobre el pasado remoto. Pero la cerámica, las primeras herramientas de cobre, las crudas estatuas de piedra y las urnas solo pueden decir tanto a los historiadores; hay mucho más que permanece oculto para nosotros. No obstante, los académicos están de acuerdo en que un punto decisivo del desarrollo cultural de Italia fue durante la Edad del Bronce (2300-950 a. C.). Durante este periodo, la gente se asentó principalmente en las regiones montañosas del norte de Italia, así como en las fértiles llanuras de la actual Venecia. Esta región, en particular, tenía un aspecto geográfico completamente diferente al que conocemos hoy. El nivel del mar Adriático era mucho más bajo, y lo que hoy está bajo el agua era un valle fértil con muchos lagos. El valle del Po es famoso por sus primeros asentamientos terramaras, en los que algunas de las casas se construían sobre postes, a pesar de que esta zona no es conocida por su humedad. Tal vez en el pasado lo fuera, pero no hay pruebas que permitan llegar a esa conclusión.

Primera Edad del Bronce (aprox. 2300-1700 a. C.)

Con el inicio de la Primera Edad del Bronce, que comenzó alrededor del 2300 a. C., se inició un nuevo ciclo cultural en Italia: la cultura de Polada. Se cree que la cultura de Polada tiene sus raíces en la anterior cultura del vaso campaniforme de la península ibérica, pero también muestra fuertes vínculos con Europa central. Su aparición corresponde con el desplazamiento de los pueblos de Alemania y Suiza hacia el norte de Italia. De hecho, aunque Italia es un país mediterráneo, siempre estaría culturalmente más cerca de Europa que del resto del mundo mediterráneo. Los asentamientos de la cultura de Polada se concentraron predominantemente en torno a las zonas húmedas de la región alpina. Los poblados se levantaban alrededor de los lagos y los ríos, pero algunos estaban alejados de las masas de agua, como el asentamiento de Lagazzi del Vho que se encuentra al norte del valle del Po. Los asentamientos al sur del valle del Po ofrecen pocas pruebas arqueológicas, pero es evidente que estuvieron densamente poblados durante la Edad del Bronce. Los académicos aprenden mucho de los derechos mortuorios de los pueblos que habitan una zona determinada, pero el norte de Italia carece de pruebas de sepultura de la Edad del Bronce. Se descubren ocasionalmente cráneos o huesos humanos, pero eso no es suficiente para calificar un lugar como necrópolis. Esto sugiere que la cultura de Polada tenía formas alternativas de deshacerse de sus muertos, probablemente por exposición.

Otros aspectos interesantes de la cultura de Polada son los yacimientos que contienen un solo tipo de metalistería. Estos "depósitos" suelen encontrarse fuera del asentamiento, pero en sus proximidades. Indican una amplia actividad metalúrgica, y es posible que el asentamiento comerciara con un tipo específico de artículo. El tesoro de Savignano consta de noventa y seis hachas con pestaña, lo que sugiere que el asentamiento las produjo para comerciar con otros pueblos. Estos depósitos se suelen denominar "depósitos de comerciantes", ya que los objetos encontrados están tanto acabados como inconclusos. A menudo se fabricaban con el mismo molde, y algunos de los moldes de piedra se encontraron incluso con los artículos. En los asentamientos se han encontrado objetos de prestigio, como ámbar o fayenza, pero no hay pruebas de que existieran rangos sociales entre su población. Esto no significa que su sociedad fuera igualitaria, sino que existe mucho más por descubrir.

Sin embargo, en el centro de Italia se pueden encontrar pruebas de estratificación social. La orilla oriental es característica de la cultura Ripatransone, mientras que en la occidental predominaba la cultura Rinaldone. Ambas culturas del centro de Italia muestran algunas evidencias de clasificación social. En este caso, las tumbas muestran un tratamiento diferente de los cuerpos para los distintos estatus sociales. La Tomba della Vedova ("Tumba de la viuda") es una sepultura de un jefe guerrero. Fue enterrado junto con su novia (probablemente fue sacrificada durante el entierro) y un perro que guarda la entrada. Para los guerreros menores, las armas eran suficientes para marcar su estatus social en la otra vida.

Italia central era una tierra predominantemente pastoral, por lo que la economía de esta región dependía en gran medida de la cría y el comercio de animales. Tanto en las llanuras costeras como en las tierras altas había asentamientos conocidos como "campamentos de pastoreo", a los que la gente llevaba sus rebaños para que pastaran en estas zonas ricas en hierba. Estos campamentos eran sencillos, ya que no estaban pensados como asentamientos permanentes, sino como paradas estacionales. Los asentamientos permanentes del centro de Italia son sitios defendidos, como Crostoletto di Lamone, con murallas que los rodean, o sitios en cuevas, en el fondo de los valles o en humedales.

El sur de Italia fue ocupado predominantemente por la cultura de Palma Campania. Aquí se iniciaron los primeros cultivos de vino y aceitunas, pero los artefactos de bronce son escasos y aparecen sobre todo en los sitios de sepultura. Las distinciones sociales eran muy importantes. Esto se puede ver en los objetos de las tumbas. Las pocas tumbas ricas que se han encontrado, que contienen puñales y hachas de bronce, difieren de las que contienen artículos comunes de piedra y arcilla. Sicilia fue una de las primeras zonas en iniciar el cultivo progresivo de frutas, lo que significa que la agricultura en esta parte de Italia ya estaba en un nivel superior. El cultivo de la fruta requiere una gran cantidad de mano de obra, algo que ocurriría mucho más tarde en el resto de Italia. La situación de las islas Lípari (también conocidas como islas Eolias) también era única. Estas islas, situadas entre Sicilia y la Italia continental, están llenas de asentamientos defensivos, lo que indica algún tipo de conflicto. La cultura de estas islas es muy similar a la de la Malta de principios de la Edad del Bronce, y el conflicto probablemente llevó a los nuevos pobladores a Italia.

Edad de Bronce Media (aprox. 1700-1350 a. C.)

La Edad de Bronce Media comenzó con el abandono de los antiguos asentamientos del centro del valle del Po y la fundación de otros nuevos inmediatamente al norte. El número de asentamientos también aumentó drásticamente durante esta época, y comenzaron a mostrar los aspectos de la cultura Terramare. El nombre Terramare proviene del italiano *terra marna*, "la tierra de la marga". La marga es una piedra de barro que se forma típicamente en condiciones de agua dulce. Los asentamientos de la cultura Terramare se construyeron sobre montículos de este tipo de tierra, de ahí su nombre. En la parte oriental del valle del Po se pueden encontrar asentamientos en las cimas de las colinas. Se conocen como *castellieri*, y eran típicos de las regiones del este de Italia, como Istria (la actual Croacia). Los *castellieri* eran asentamientos fortificados con una zona habitada completamente dentro de las murallas.

Las zonas del norte de Italia empezaron a ver sus primeros enterramientos de cremación durante este periodo, pero los hallazgos no evidencian todavía ningún estatus social. Existe la teoría de que las casas terramare construidas sobre postes (o pilotes) pertenecían a individuos socialmente prominentes, pero no existen pruebas que apoyen esta afirmación. En la llanura veneciana se iniciaron los enterramientos con espadas, pero se cree que pertenecían a guerreros, lo que no constituiría un rango social distinto por sí mismo. También se teoriza que estos enterramientos están relacionados con la cultura que surgió en la región del Danubio-Cárpatos, ya que los estilos de enterramiento son similares, y las tumbas de ambas regiones contienen tallas de caballos similares realizadas en cuernos de ciervo.

La cultura de los Apeninos ocupó un lugar destacado en el centro y el sur de Italia durante la Edad de Bronce Media. La vida pastoral se desarrolló aún más bajo su tutela. Sus asentamientos se establecieron siguiendo un patrón específico, basado en la necesidad de explotar tanto las tierras bajas como las altas para sobrevivir. En las tierras bajas se encontraban los asentamientos de invierno, donde la gente llevaba su ganado a pastar durante la temporada de nieve. Las tierras altas eran perfectas para los asentamientos de verano, y se llevaba el ganado allí para pastar en los ricos campos de hierba de las montañas. Sin embargo, con el descubrimiento de Luni sul Mignone en 1967, es evidente que esta región también contaba con asentamientos sedentarios, donde la gente se dedicaba a la agricultura. Parece que los pueblos del centro y el sur de Italia se dividían en dos grupos: los pastores, que trasladaban sus asentamientos estacionalmente, y los agricultores, que tenían asentamientos permanentes en las tierras bajas fértiles. La existencia de estos dos tipos diferentes de personas sugiere una diversidad económica, que habría dado lugar a la riqueza de la región en su conjunto.

Este pastoreo trashumante desempeñó sin duda un papel importante en el desplazamiento de la cultura de los Apeninos por el centro y el sur de Italia. El hecho de que la cerámica apenínica, que se distinguía por su diseño único, se encontrara en una amplia zona geográfica demuestra que cuando la gente se desplazaba, también lo hacía la cultura. El movimiento estacional de las personas debió de establecer relaciones sociales entre los distintos grupos, lo que dio lugar a estrechas conexiones culturales. Existen pocas pruebas de la estructura social de la Edad de Bronce Media en la región central, pero se encontraron dos casas comunales y tres tumbas monumentales, que muestran la posible aparición de la clase de élite. La tumba 3 de Toppo Daguzzo contiene hasta diez esqueletos humanos en su nivel superior. Estas personas fueron enterradas sin ningún tipo de ornamento u objeto. Sin embargo, el nivel inferior de la tumba contiene once enterramientos distintos, de los cuales seis pertenecen a varones enterrados con armas. Cuatro pertenecen a mujeres, y algunas de ellas fueron enterradas con cuentas ornamentales. El último enterramiento pertenece a un niño de aproximadamente cinco años. La tumba estaba llena de otros objetos, como cuentas de ámbar, cerámica y cristales de roca. Sin embargo, estos objetos estaban dispersos y no pudieron relacionarse con ninguno de los individuos enterrados.

Sicilia y las islas entre Sicilia e Italia desarrollaron asentamientos algo diferentes durante la Edad de Bronce Media. Comenzaron a construir edificios circulares y subcirculares con techos sostenidos por un poste central. Más tarde, los mismos asentamientos empezaron a construir edificios rectangulares, y muchos académicos creen que este fue el periodo en el que los asentamientos sicilianos empezaron a mostrar los primeros signos de urbanización. Los patios y calles pavimentadas, los muros de piedra y la planificación general de los asentamientos parecen indicar que existía algún tipo de estructura política. El yacimiento más famoso con un indicio temprano de urbanismo es Thapsos, y se cree que este asentamiento era un centro de comercio marítimo. La cultura de Thapsos tuvo un estrecho contacto con la cultura de los Apeninos del continente. Así lo demuestran las influencias culturales que compartían, que pueden verse en la cerámica y otros artículos de uso cotidiano. Pero los primeros indicios de comercio que tuvo Thapsos fueron únicos, ya que se encontraron varias vasijas de bronce en sus alrededores. Estas vasijas, así como algunas armas encontradas en la necrópolis, son de la cultura micénica (aprox. 1600-1100 a. C.), la cultura griega de la Edad del Bronce Media.

Edad de Bronce Reciente (aprox. 1350-1150 a. C.)

Tanto en historia como en arqueología, la Edad del Bronce se divide en tres grupos principales: Temprana, Media y Tardía. Esta clasificación es válida para todos los países de habla inglesa y su concepto de la historia. Sin embargo, en lo que respecta a Italia, los cambios que ha sufrido, así como la aparición de diferentes culturas, han dado lugar a diferentes divisiones de la Edad de Bronce. Así, cuando se trata de la historia de Italia, la Edad de Bronce tardía se divide en dos grupos: Reciente y Final.

La Edad del Bronce Reciente del norte de Italia supuso la continuación de las culturas de la Edad del Bronce Media, pero con un crecimiento exponencial de los asentamientos. Durante el periodo anterior, la mayoría de los asentamientos superaban las dos hectáreas (entre 200 y 400 individuos); en la Edad del Bronce Reciente, el tamaño típico era de unas cinco hectáreas (entre 600 y 1.000 individuos). La preferencia por el lugar en el que se erigían los nuevos asentamientos también cambió, ya que parece que la gente ahora prefería la tierra seca a los humedales. Sin embargo, se siguió practicando cierto culto al río, aunque no se sabe mucho sobre él. Parece que este culto no estaba presente en las zonas centrales del norte de Italia, en las que predominaban los humedales. En el valle del Po, algunos asentamientos terramare fueron abandonados, pero otros crecieron más allá de las cinco hectáreas promedio. Por ejemplo, Fondo Paviani parece haber tenido unas 16 hectáreas, mientras que Case del Lago creció hasta unas increíbles 22,5 hectáreas. Algunos de estos asentamientos tenían incluso recintos fortificados interiores que podrían haber sido la residencia de la clase social de élite. Sin embargo, algunos arqueólogos sostienen que estos edificios fortificados no eran más que refugios comunitarios para épocas de peligro.

Durante los años 1200 a. C., el valle central del Po se despobló rápidamente. No existe una explicación para este hecho, pero algunos indicios sugieren un acontecimiento catastrófico (tal vez un terremoto). Otra explicación podría ser lo que se conoce en la historia como el colapso de la Edad de Bronce Final, que fue cuando las culturas del Mediterráneo Oriental perecieron. Pero no hay pruebas de que los asentamientos del valle del Po tuvieran ningún contacto con el mundo del Mediterráneo oriental en esa época; sin embargo, utilizaban un sistema de medición similar, así que es posible. Se desconoce la causa de este colapso colectivo de los imperios más destacados de Oriente Próximo (los reinos micénicos, el imperio hitita, Anatolia, el Nuevo Reino de Egipto, Levante y muchos más). Podrían ser varios factores: invasiones, cambios climáticos, erupción de volcanes, terremotos, etc. El consenso es que muchos factores influyeron en el colapso de la Edad de Bronce Final, y probablemente sea lo mismo para los asentamientos terramare del norte de Italia.

Italia central sufrió un cambio similar durante la Edad del Bronce Reciente. Los antiguos yacimientos se abandonaron a menudo, y la gente optó por trasladarse a lugares naturalmente defendibles, como en medio de colinas o al pie de las montañas. Si el asentamiento sobrevivía, aumentaba sus fortificaciones, lo que podría ser una señal de la clase de élite. Hay pruebas de cabañas más grandes que la media, que probablemente pertenecían a individuos de mayor estatus social. Algunos asentamientos se expandieron de forma espectacular en la región de Latium y la Toscana, y en estas zonas se empezó a ver una clara jerarquía. Algunas localidades eran simplemente más importantes, ya que estaban cerca de las fuentes de cobre, mientras que otras estaban completamente abandonadas. Aquí también se produjo el culto al río, quizá porque los yacimientos de metal se concentraban en gran medida alrededor de los ríos y lagos.

En el sur de Italia, las villas costeras se transformaron en puertos. Muchos otros lugares asumieron el papel de centros comerciales, como Porto Perone y Scoglio del Tonno. Sus principales clientes eran los reinos e imperios del Mediterráneo oriental. Estos asentamientos también muestran evidencias de especialización artesanal. Cada localidad producía un determinado tipo de artículo de uso cotidiano, que posteriormente se distribuía más allá a través del comercio. Los emplazamientos en tierra firme empezaron a mostrar un aumento de las defensas. Los nuevos emplazamientos se elegían casi siempre por su capacidad defensiva natural. Pero parece que estos asentamientos del interior no disfrutaron del comercio marítimo ni del desarrollo de los puertos costeros. El cultivo del olivo se intensificó, y las vasijas de almacenamiento se fabricaron al estilo egeo. Esto sugiere la existencia de una economía redistributiva o, al menos, de un almacenamiento centralizado, del que se beneficiaba toda la comunidad.

La Edad de Bronce Final (aprox. 1150-950 a. C.)

Italia experimentó cambios drásticos durante la Edad del Bronce Final. La cultura protovillanoviana apareció en toda la Italia peninsular, incluso en el sur, aunque se concentró sobre todo en el norte y en el valle del Po. Esta cultura específica se asemeja mucho a la cultura de la urna centroeuropea del mismo periodo, y se cree que se extendió a la península con la llegada de los protoitalianos. Durante el período inicial de la Edad del Bronce Final, sobrevivieron algunos asentamientos terramare, especialmente en el norte del valle del Po, pero la mayoría de ellos fueron abandonados. Los asentamientos que sobrevivieron no superaban las dieciséis hectáreas, y los objetos cotidianos encontrados y datados en la Edad del Bronce Final indican que hubo contacto con el Mediterráneo oriental. Esto se aprecia especialmente en los restos de cerámica heládica tardía que se han encontrado en algunos de los yacimientos. Los arqueólogos consiguieron confirmar esta teoría analizando químicamente los tiestos. Pero los resultados del mismo análisis químico realizado sobre bronce, hueso, el vidrio y tallas de asta mostraron que estos artículos eran de producción doméstica.

Frattesina es un asentamiento de la Edad del Bronce Final que estuvo ocupado ininterrumpidamente desde el siglo XII a. C. hasta el siglo IX a. C. Ofrece una visión única de la artesanía que se creaba en el lugar. Cerámica, vidrio, marfil, bronce y hierro, así como ámbar, hueso y cornamenta, se trabajaban y elaboraban allí, y parece que estos artículos se comercializaban con el mundo mediterráneo. Algunas de las materias primas, como el ámbar y el marfil, se importaban y los productos acabados se exportaban. La necrópolis de Frattesina ofrece poco apoyo a un sistema de clasificación social, pero hay individuos enterrados con espadas que pueden representar a la élite del asentamiento.

El cobre llegaba a Frattesina desde el sur de los Alpes y la región central de Italia, hoy conocida como la Toscana. Estas regiones experimentaron un aumento de la producción de cobre, lo que es evidente por los numerosos hallazgos de lugares de fundición. El uso de estos yacimientos continuaría en la Edad de Hierro, mostrando una continuidad en los asentamientos de estas regiones. A partir de Frattesina, el cobre del sur de los Alpes y de Toscana se extendió por todo el mundo mediterráneo, principalmente por el sur de Italia, aunque también se ha encontrado en Oriente Próximo y en el Mediterráneo central.

En el centro de Italia, empezamos a ver la formación temprana de los estados. Sin embargo, no eran los estados tal y como los conocemos hoy. La transformación definitiva de los yacimientos se produciría en la Edad del Hierro, pero la Edad del Bronce Final atestigua la expansión de los asentamientos y las protociudades. Esta es la época en la que los asentamientos de las tierras bajas comenzaron a ser abandonados, ya que la gente empezó a preferir terrenos más altos y defensas naturales. Esto indica la posibilidad de rivalidad entre grupos y la existencia de conflictos. Los asentamientos protovillanovianos del centro de Italia eran más pequeños que los del norte. En su mayoría ocupaban las cimas de las colinas y rara vez superaban las cinco hectáreas. Los cementerios que acompañan a los asentamientos también son pequeños y no ofrecen pruebas de los rangos sociales. Sin embargo, algunos de los pueblos, como Nuccia Negroni Catacchio, tienen zonas separadas de la cima de la colina donde podría haber vivido una clase de élite. La necrópolis de Pianello di Genga es una excepción a la norma, ya que es bastante grande. Contiene más de 500 tumbas, pero este lugar estuvo en uso a lo largo de los siglos, por lo que probablemente sirvió a más de un grupo de personas.

El sur de Italia también empezó a cambiar. Las tumbas empezaron a estar decoradas con más objetos de metal que en épocas anteriores. En su mayoría eran armas, lo que podría significar que los asentamientos vieron una mayor necesidad de guerreros, o podría significar que hubo un surgimiento de una clase guerrera de élite. En Sicilia, vemos los primeros trabajos en hierro durante la Edad del Bronce Final. El yacimiento donde se encontró una punta de lanza de hierro pertenecía a un grupo de personas que defendían su asentamiento con un muro de piedra y un foso. Una punta de lanza de hierro similar se encontró en la actual Albania, donde se halló un gran cementerio de guerreros. Sin embargo, en Sicilia también se encontraron dos cuchillos de hierro en el cementerio de Madonna del Piano, en Molino della Badia.

Capítulo 2 - La Edad de Hierro y la Italia prerromana

A finales de la Edad de Bronce Final y principios de la Edad de Hierro (aprox. 900-700 a. C.), Italia contaba con una población de orígenes muy diversos. Se produjo un repentino aumento de las migraciones en la península, pero la información al respecto sigue siendo oscura, por lo que solo podemos adivinar la procedencia de estos pueblos. No obstante, la afluencia de nuevos pueblos es evidente, y los académicos especulan sobre las dos principales rutas de migración hacia Italia. Una era la ruta marítima, que recorría desde los Balcanes a través del mar Adriático, y la otra era la ruta terrestre a través del norte de los Balcanes y Europa central. Los apulianos llegaron por la primera ruta. Los apulianos eran un grupo indoeuropeo que se asentó en el sureste de Italia (la actual Apulia). Los indoeuropeos de la estepa póntica (en la costa norte del mar Negro) llegaron por la segunda ruta. Entraron en Italia por el noreste y luego se distribuyeron en grupos que se asentaron a ambos lados de la costa italiana. Estos indoeuropeos se convirtieron en los pueblos itálicos.

Hacia el año 800 a. C., Italia estaba poblada por tres grupos principales de pueblos: los apulianos, los itálicos y los etruscos. Según las especulaciones, los apulianos eran las tribus ilirias que cruzaron el mar Adriático desde la actual Dalmacia en el siglo XII o XI a. C. Los itálicos llegaron un siglo después, aunque algunos académicos creen que fue al revés y que los itálicos ya estaban asentados en la península cuando llegaron los apulianos. Esto podría sugerir que los itálicos no llegaron en una sola oleada migratoria. De hecho, se cree que hubo dos migraciones principales de los pueblos itálicos, y con ellas llegaron sus parientes, los latinos. Se cree que varios cientos de años separan las dos principales oleadas migratorias, pero eso no significa que no hubiera movimientos de pueblos entre ellas. Se cree que los itálicos tienen su origen en el norte de los Balcanes y que llegaron a la península de los Apeninos a través de la actual Eslovenia.

Los apulianos del sur de Italia se fragmentaron en varias tribus y siguieron avanzando hacia las costas orientales. Los itálicos se dividieron en dos grupos principales: los oscos (Osci) y los umbros. Con el paso del tiempo, estos dos grupos siguieron fragmentándose. Los umbros se convirtieron en los principales habitantes del centro de Italia; aún hoy, la zona se conoce como Umbría. En las regiones centrales de Italia, los ilirios llegaron y empujaron a las tribus itálicas hacia el sur de la península. Al mismo tiempo, hacia el siglo VIII a. C., los griegos empezaron a colonizar las costas italianas y empujaron a los pueblos asentados hacia el interior, así como hacia el oeste y el sur. Las tribus italianas y sículas fueron finalmente empujadas hacia Calabria, y comenzaron a habitar la isla de Sicilia. Estas migraciones, las fragmentaciones de grupos y la colonización griega son los inicios de la historia italiana. Pronto surgiría Roma y los primeros historiadores, que recorrieron la península y registraron los pueblos y tribus que encontraron. Con el tiempo, todos ellos serían latinizados y conquistados por los romanos, cada vez más numerosos.

Los etruscos

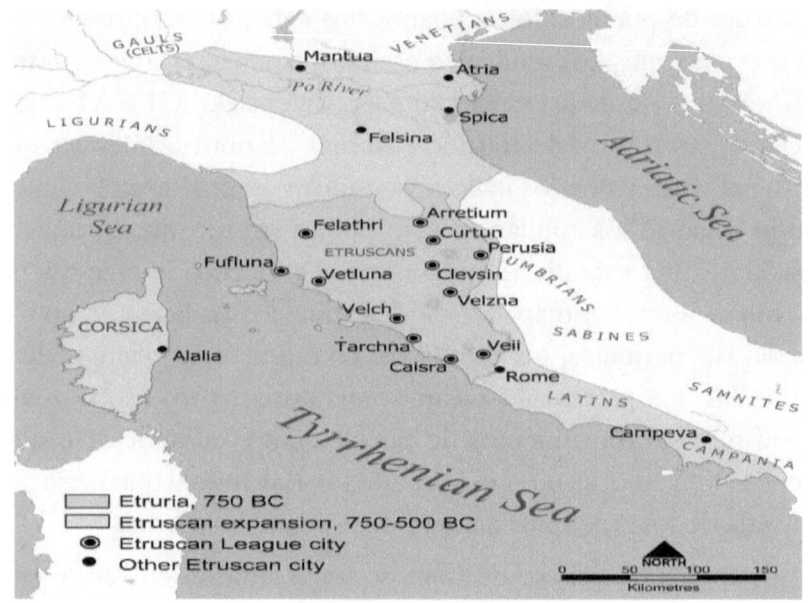

La civilización etrusca y sus vecinos

https://en.wikipedia.org/wiki/Etruscan_civilization#/media/File:Etruscan_civilization_map.png

Los etruscos fueron un grupo de personas que llegaron a la península de los Apeninos, y fueron los únicos sin ascendencia indoeuropea. Eran completamente diferentes del resto de las tribus que habitaban Italia en aquella época, pero eran poderosos e influyentes. Los lingüistas e historiadores modernos creen que fueron los etruscos quienes dieron forma a Roma y le permitieron convertirse en uno de los imperios más poderosos del mundo. Influyeron en la cultura, la lengua y los sistemas de creencias romanas. La lengua etrusca está ahora muerta y olvidada, pero gracias a su influencia en el latín, seguimos utilizando algunas palabras etruscas antiguas, por ejemplo, pueblo, arena, militar e incluso Roma. Hoy en día, se cree que Roma no fue nombrada por sus fundadores mitológicos Rómulo y Remo, sino, de hecho, por la tribu etrusca que la fundó, la tribu Ruma.

El origen de los etruscos sigue siendo desconocido. Hay muchas teorías, y son tan antiguas como el antiguo historiador griego Heródoto, que describió la llegada de los etruscos. Pero Heródoto no era contemporáneo, ya que escribió sobre este misterioso pueblo en el siglo V a. C. Según él, los etruscos llegaron a Italia en torno al año 800 a. C., cuando estalló una hambruna en Lidia (la actual Turquía). El rey de Lidia dividió a su pueblo en dos grupos y les ordenó sortear cuál se quedaría y cuál abandonaría el país en busca de una vida mejor. El grupo de abandonados recorrió el mundo y finalmente llegó a Italia. Desgraciadamente, Heródoto es conocido por creer que los mitos y las leyendas se basan en la verdad histórica. Los contemporáneos de este antiguo historiador le llamaban "el contador de historias". Incluso le dieron el título de "padre de la mentira", ya que sus teorías sobre la historia no siempre son confiables.

Pero fueron los lingüistas quienes descubrieron las similitudes entre la antigua lengua etrusca y algunas de las lenguas antiguas de las regiones actuales de Turquía. Académicos de todo el mundo investigan a los etruscos y sus conexiones con la antigua Lidia. Pero las conexiones entre etruscos y lidios no son solo lingüísticas. Algunas de sus costumbres son demasiado similares como para ignorarlas. Por ejemplo, ambos pueblos practicaban el arúspice, el estudio de las entrañas de un animal sacrificado para prever la voluntad de los dioses. Sin embargo, parece que los etruscos y los lidios no creían en los mismos dioses, que es otra cosa que desconcierta a los académicos modernos. La mayoría de las pruebas arqueológicas no muestran ninguna conexión entre ambos pueblos, y parece que la arqueología prefiere la teoría de que los etruscos eran indígenas de Italia. La cultura material y las prácticas sociales de los dos pueblos son completamente diferentes, y es posible que Heródoto y otros historiadores antiguos que suponían que había una conexión entre los etruscos y los antiguos lidios se basaran únicamente en la evidencia de que había algún tipo de comercio e intercambio cultural entre griegos y etruscos.

Se realizaron algunas pruebas de ADN a los restos de los antiguos etruscos, pero los resultados no fueron concluyentes o no se encontraron haplogrupos específicos que conectaran a los etruscos con ningún otro grupo de personas en Europa. En 2007 surgieron algunas pruebas de que los habitantes de las zonas etruscas actuales tienen cierta similitud genética con el pueblo turco, pero esto se explica por la conexión moderna entre los italianos y los turcos. Las pruebas de ADN, al igual que las arqueológicas, parecen favorecer la teoría de que los etruscos eran originarios de Italia. Su civilización se produjo alrededor del año 800 a. C., pero parece que el pueblo que la inició era mucho más antiguo. Las pruebas culturales son muy sólidas, y relatan la existencia de una cultura continua en las regiones de Etruria desde la Edad del Bronce Final hasta bien entrada la Edad del Hierro. La cultura protovillanoviana se transformó en la cultura villanoviana de los etruscos, por lo que parece que los antepasados etruscos ocuparon Italia antes de la aparición de su civilización en el 800.

La cultura protovillanoviana

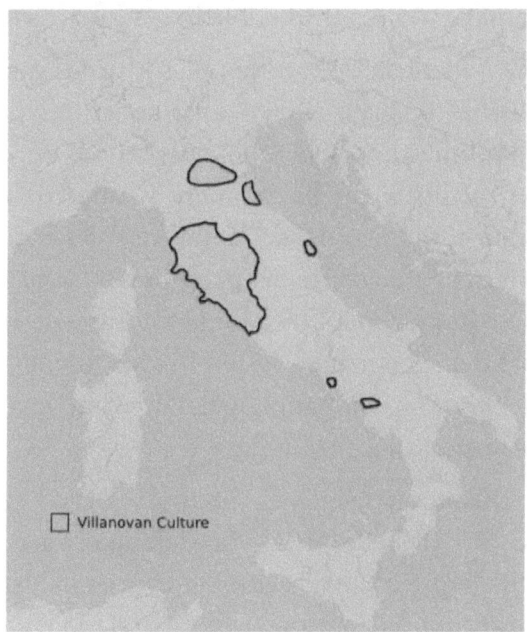

Los villanovenses

*https://upload.wikimedia.org/wikipedia/commons/c/cb/
Italy-Villanovan-Culture-900BC.png*

La cultura de Villanova de la Edad del Hierro fue la continuación de la cultura protovillanoviana de la Edad del Bronce en el centro de Italia. En la actualidad se considera a los villanovenses como posibles antepasados de los etruscos, ya que no existen pruebas históricas ni arqueológicas de que ambos pueblos se enfrentaran en guerras o de que un grupo de personas ajenas a ellos emigrara al territorio de los villanovenses. No hay nada que sugiera que los villanovenses fueran diferentes de los etruscos. La propia cultura conoció una repentina prosperidad cuando el pueblo empezó a explotar los bienes naturales de forma más amplia. Se formaron aldeas y se construyeron casas rectangulares y circulares con listones de madera y adobe, sobre las que se construyeron techos de paja. Se añadieron adornos de madera y terracota a las estructuras. En los primeros yacimientos etruscos se encontraron muchas urnas de terracota, lo que indica que esta civilización quemaba a sus muertos desde sus inicios.

La cultura de Villanova es famosa por sus urnas que se asemejan a sus casas. Las urnas se hacían intencionadamente con esa forma, ya que el alma del difunto necesitaba un alojamiento en la otra vida. Las urnas se hacían incluso con las chimeneas añadidas y con algunas burdas imitaciones de las decoraciones de las casas reales. Los patrones geométricos típicos de las paredes de las urnas y del tejado imitan la arquitectura etrusca típica de la época posterior. Estas urnas se parecen mucho a las encontradas en los yacimientos de la Edad de Hierro de Alemania y Rumanía, pero no hay más pruebas que sugieran una conexión más profunda.

Para los villanovenses, el animal más importante era probablemente el caballo. Así lo demuestran los hallazgos arqueológicos de numerosos accesorios para caballos y la frecuente presencia de este animal en su arte. El trabajo en bronce de los primeros villanovenses es de muy alta calidad, lo que sugiere una dedicación a este arte metalúrgico. Con el tiempo, la población aumentó y las aldeas se convirtieron en ciudades. Hubo que ampliar los cementerios. Durante esta época, se cree que los villanovenses tenían una élite social. Se añadieron nuevos objetos a las tumbas, como sillas en miniatura, artículos para el hogar, armaduras y armas para los hombres y equipos de tejido para las mujeres. Todos estos objetos confirman que los villanovenses creían en algún tipo de vida después de la muerte, pero ocurrió algo extraño. Los arqueólogos descubrieron que algunas tumbas femeninas contenían armaduras y armas y que algunas tumbas masculinas tenían parafernalia para tejer. Parece que los roles de género no estaban grabados en piedra para los villanovenses; se cree que las mujeres tenían un papel más activo en la sociedad, mientras que los hombres se incluían en la producción de ropa.

Con el auge de la población y la expansión de las ciudades llegaron los primeros conflictos, ya que la competencia por los recursos naturales era dura. Algunas tribus decidieron alejarse del centro y ocupar zonas del norte y el sur de Italia central. Algunos indicios sugieren que, durante la Primera Edad del Hierro, algunos villanovenses se asentaron también en el oeste de Italia. Surgieron los primeros indicios de comercio, que se inició entre distintas ciudades y pueblos villanovenses. Rápidamente se extendió al resto del mundo mediterráneo, ya que los griegos comenzaron a fundar sus colonias junto a la costa italiana a mediados del siglo VIII a. C. La cerámica y la metalistería griegas empezaron a aparecer en los yacimientos villanovenses, lo que confirma la teoría del comercio. Pronto los lugareños empezaron a imitar no solo la producción griega, sino también su cultura y sistema de creencias.

A través de las conexiones comerciales con Grecia, la cultura villanovense entró en contacto con Oriente Próximo y Fenicia. Estos pueblos dejaron una profunda huella en la cultura villanovense, que empezó a madurar hasta convertirse en la cultura etrusca. Esto ocurrió primero en el sur, cerca de las colonias griegas, pero se extendió rápidamente hacia el norte. La cultura villanovense surgió de la cultura protovillanoviana, pero también podría denominarse fácilmente cultura protoetrusca, ya que siguió evolucionando hasta el siglo VII y principios del VI a. C. Los etruscos siguieron prosperando hasta el siglo II a. C., cuando fueron asimilados por los romanos.

Etruria

Las ciudades del pueblo etrusco eran independientes. No estaban conectadas por una administración o regla común. Cada una de ellas era una ciudad-estado diferente, y lo único que tenían en común era su cultura, religión y lengua. El territorio que contenía las ciudades etruscas se extendía desde el río Tíber en el sur hasta el valle del Po en el norte (junto con algunas partes del valle del Po). Algunas de las principales ciudades etruscas eran Veii, Populonia y Cerveteri. Debido a la gran independencia de estas ciudades, el desarrollo de la arquitectura, el arte y la manufactura surgieron en diferentes momentos en diferentes lugares. Las ciudades costeras tenían mayor contacto con el resto del mundo mediterráneo y se desarrollaron a un ritmo mucho más rápido que las ciudades situadas en el interior. Con el tiempo, las ciudades costeras transmitirían la cultura contemporánea a otras a través del comercio.

El centro de Italia era fértil, por lo que la agricultura floreció. También era rica en minas de hierro, que fueron explotadas por los etruscos, quienes desarrollaron herramientas de gran calidad. Pero también mejoraron la producción de cerámica y otros productos, ya que podían comercializarse a través del mar. Realizaron un amplio comercio de oro y plata con griegos, cartagineses y fenicios. Desarrollaron una extensa red comercial por todo el Mediterráneo, así como entre otras ciudades etruscas. Esta red se extendía a las tribus del norte de Italia y más allá de Europa central.

Las pruebas indican que los etruscos importaban esclavos, productos manufacturados y materias primas, y exportaban hierro, cerámica, vino, aceite de oliva, piñones y grano. El comercio floreció a partir del siglo VII a. C., y fue entonces cuando el impacto cultural de los colonos griegos fue más fuerte. Los etruscos adoptaron fácilmente la vestimenta, los hábitos alimenticios, la religión y el alfabeto griego. Esto es lo que se conoce como el periodo de orientalización de la historia etrusca.

Pero con el aumento del comercio llegó la competencia y sus primeros conflictos. Existen pruebas de una alianza entre etruscos y cartagineses contra la fuerza naval griega, que tuvo lugar alrededor del año 540 a. C. La batalla de Alalia tuvo lugar cerca de Córcega, cuando los griegos derrotaron a la alianza con facilidad. Sin embargo, los etruscos seguían siendo un importante competidor comercial, y los griegos a menudo se referían a ellos como los "piratas canallas". En 474 se produjo otra batalla, esta vez entre los etruscos y los siracusanos, que se habían convertido en la fuerza dominante del comercio en el mundo mediterráneo. En la batalla de Cumas, los etruscos sufrieron otra derrota, pero aún no habían visto lo peor de los siracusanos. En el 384 a. C., el tirano Dionisio I de Siracusa decidió atacar directamente la costa etrusca y destruir sus puertos. Estas derrotas contribuyeron al declive gradual del poder comercial de los etruscos y también de su cultura.

En el interior de Etruria, la guerra era diferente. Las pruebas sugieren que las ciudades etruscas del interior seguían el ejemplo de los soldados griegos. Llevaban corazas de bronce, tocados similares a los de los corintios y grebas, y empuñaban un gran escudo circular. Se han descubierto varios carros en las tumbas etruscas, pero no se sabe si se utilizaban en la guerra o si tenían un uso estrictamente ceremonial. Hay pruebas de que los etruscos utilizaban mercenarios para luchar por ellos, pero no hay nada concluyente. Las ciudades mejoraron sus defensas erigiendo altas murallas, torres y fuertes puertas. Esta evolución de las ciudades indica que los etruscos se enfrentaban a una nueva amenaza desde el sur, que era donde los latinos pronto construirían un gran imperio. Los romanos estaban en camino de conquistar Etruria.

Aunque en el siglo VI Roma no era más que un vecino menor de los etruscos, empezó a desarrollarse rápidamente y, en el siglo IV a. C., ya hacía gala de su poder. En esa época, surgieron leyendas sobre los reyes etruscos que gobernaban Roma, pero no existen pruebas que confirmen estos mitos. Los etruscos siguieron debilitándose, y no solo por los ataques siracusanos a sus puertos. Las tribus celtas del norte comenzaron a invadir el centro de Italia durante los siglos V, IV y III a. C. A veces, los celtas se aliaban con los etruscos en contra de Roma, pero la mayoría de las veces invadían, saqueando las tierras antes de retirarse rápidamente. Durante más de 200 años, el centro de Italia sufrió constantes ataques de diversos enemigos. Las ciudades etruscas fueron conquistadas por Roma, a lo que seguirían tratados de paz y alianzas temporales. Luego, la guerra comenzaba de nuevo y los asedios a las ciudades continuaban. Uno de ellos duró diez años; Roma sitió Veyes en el 406 a. C., y el asedio no terminó hasta el 396 con la batalla final de Veyes. Roma rompió el asedio excavando túneles bajo las murallas de la ciudad. Veyes cayó finalmente, y sus ciudadanos fueron masacrados o esclavizados. Finalmente, la ciudad fue repoblada por los romanos.

Roma contaba con un ejército superior, con mayor capacidad táctica y de personal. Se produjeron dos batallas más entre los romanos y los etruscos cuando cayeron las ciudades de Chiusi y Sentinum en el 295 a. C. El problema de las ciudades etruscas era que no tenían unidad política, y además nunca se pusieron de acuerdo para aliarse entre ellas y organizar una defensa contra Roma. En el 280 a. C. cayó Tarquinia, que había sido la mayor ciudad comercial de los etruscos desde el siglo VIII a. C. Tras su caída, los romanos no tuvieron problemas para tomar Orvieto, Vulci y otras ciudades etruscas. Cerveteri fue una de las últimas ciudades en caer, lo hizo en el 273 a. C., y con ella, la civilización etrusca llegó a su fin. Pero, ¿fue el fin de toda la cultura?

En aquella época, los romanos tenían la costumbre de masacrar a los civiles enemigos y habitar los lugares recién conquistados con su propia gente. Esto aseguraba el bienestar de la siempre creciente población romana. El ejército profesional de Roma estaba organizado de tal manera que a los veteranos se les prometían tierras de los territorios conquistados. Para recompensar a sus soldados, Roma tenía que expulsar a la antigua población. Los veteranos y sus familias trabajarían estas tierras y producirían alimentos para Roma.

Aunque Roma no se dejó conquistar militarmente, sí lo hizo culturalmente. Los romanos absorbieron las culturas de los pueblos con los que luchaban, y los etruscos fueron probablemente los que más influyeron en ellos. De sus vecinos etruscos, los romanos tomaron no solo su estilo artístico, sino también su sistema de creencias. A través de los etruscos, Roma recibió la influencia de las colonias griegas de Italia. Pero la lengua latina nunca fue sustituida por la etrusca. El latín se convirtió en la lengua principal de toda la península. Sin embargo, los latinos tomaron prestadas algunas palabras de los etruscos, y algunas de ellas, como hemos visto, se utilizan aún hoy. Aunque la literatura y la historia etruscas fueron borradas tras la conquista, la cultura continuó viva, aunque fue modificada para adaptarse a la narrativa romana. En el año 80 a. C., ya no había etruscos, pero sus prácticas religiosas, su arte, sus togas, sus templos, sus armaduras, sus augures y sus procesiones de la victoria siguieron viviendo a través de los romanos. Por eso los académicos creen que los etruscos nunca desaparecieron realmente. Puede que hayan sido asimilados, pero fueron capaces de influir en sus conquistadores.

Capítulo 3 - Italia en la época romana

Roma apareció por primera vez en el siglo VIII a. C. Sus ciudadanos creían que la ciudad fue fundada por dos hermanos, Rómulo y Remo, que fueron criados por una loba. Los antiguos romanos incluso celebraban el 21 de abril como el día en que se fundó su ciudad, pero esta fecha no puede confirmarse. La leyenda cuenta que Rómulo mató a su hermano Remo por una discusión sobre la ubicación de la ciudad. Esta leyenda del comienzo de Roma es muy conocida en todo el mundo, y Rómulo y Remo siguen teniendo estatuas que los conmemoran como los padres del mundo civilizado moderno. Sin embargo, son muchas las historias que rodean la fundación de la ciudad, y esta es solo una pequeña parte de ellas. Los romanos creían que eran los descendientes del rey Eneas, que sobrevivió a la caída de Troya. Era el antepasado de los hermanos gemelos Rómulo y Remo, así que, indirectamente, fue Eneas el padre de todos los romanos. Pero han surgido otras teorías sobre la fundación de la ciudad en la historia moderna.

Roma podría ser de origen etrusco, ya que se ha sugerido que la ciudad recibió el nombre de la tribu etrusca Ruma, que posiblemente emigró hacia el sur. Incluso las leyendas de la antigua Roma mencionan a reyes etruscos gobernando la ciudad en sus inicios. También es posible que la ciudad se llamara Roma por el antiguo nombre etrusco del río Tíber, *Rumon*. Sin embargo, Roma ha estado continuamente habitada desde el siglo VIII a. C. Con ciudades antiguas como esta, es difícil separar la realidad de la leyenda. Es posible que nunca lleguemos a conocer del todo sus verdaderos orígenes y quién fue su fundador.

Al principio, Roma estaba gobernada por reyes. Las leyendas nombran a siete antiguos reyes de Roma, desde Rómulo hasta Tarquino. Durante su gobierno, la ciudad creció, principalmente gracias al comercio. La ubicación de Roma era perfecta, ya que la vía fluvial del río Tíber abría el camino a los comerciantes para acceder al resto del Mediterráneo. Los romanos estaban muy influenciados por las colonias griegas del sur, en las que basaron su religión, alfabetización y arquitectura, pero fue la influencia de la civilización etrusca la que refinó esta cultura y la convirtió en lo que sería la civilización romana. Entre los siglos VIII y VI a. C., Roma creció exponencialmente y sus ciudadanos siguieron comerciando, pero también se dedicaron a la producción. Los romanos fueron maestros en tomar prestados los conocimientos e inventos de otros pueblos y desarrollarlos.

A finales del siglo VI, los romanos estaban descontentos con la forma de gobernar de sus reyes. Existen muchos mitos que explican la caída de la monarquía y el surgimiento de la república. Cuando el rey Tarquino el Soberbio fue depuesto, su sucesor, Lucio Junio Bruto, reformó el gobierno y estableció la República romana. También fue el primer cónsul de Roma y el antepasado de Marco Junio Bruto, que mató al personaje romano más famoso, Cayo Julio César. Los académicos modernos no están de acuerdo con la historia mitológica del fin de la monarquía romana. Creen que la invasión etrusca depuso al rey Tarquino. Sin embargo, los ciudadanos defendieron con éxito la ciudad de esta invasión.

En 509, el año en que supuestamente fue derrocada la monarquía, los romanos declararon que nunca permitirían que un solo hombre gobernara la ciudad. En su lugar, crearon el consulado, que se compartía entre dos personas. Estos hombres solo podían ostentar el poder durante un año, tras el cual se elegían dos nuevos cónsules. Pero no era el pueblo quien elegía a los cónsules. De hecho, la República romana nunca fue realmente una democracia. Estaba gobernada por familias poderosas, cuyos miembros eran senadores, y eran una fuerza impulsora de la política de la ciudad. Los senadores elegían quiénes ocuparían los altos cargos y tenían el poder de supervisar su gobierno. Con el tiempo, los senadores ganaron y perdieron parte de su poder, pero los ciudadanos siguieron divididos por clases. La clase gobernante se llamaba los Optimates, que puede traducirse vagamente como "los mejores hombres", mientras que las clases inferiores se llamaban simplemente los Populares, "que favorecen al pueblo". Las dos clases no eran solo una división social, sino también política. Algunos miembros de los Optimates apoyaban la causa del pueblo, y también se les daba la denominación de Populares. En general, las diferencias políticas entre los dos partidos eran muy simples. Los Optimates apoyaban la idea de la clasificación social y la idea de que el Senado debía ostentar el máximo poder, mientras que los Populares creían en la democracia y en la igualdad de todos los ciudadanos romanos.

Una vez implantado el nuevo sistema de gobierno, Roma mostró su tendencia a expandirse a través de la guerra.

Los vecinos de Roma

La Italia actual en el 400 a. C.

https://en.wikipedia.org/wiki/Ancient_Rome#/media/File:Italy_400bC_en.svg

Los latinos

Los primeros ciudadanos de Roma fueron los latinos. Latium es la antigua zona que rodea las colinas de Albania; se extiende hacia el sur, hasta el monte Circeo. Toda esta zona del Latium estaba habitada por la tribu itálica de los latinos, y Roma era solo uno de sus asentamientos. Durante los primeros días de la conquista romana, estos latinos eran los vecinos inmediatos de la ciudad, y fueron los primeros en ser conquistados en una serie de conflictos conocidos como las guerras romano-latinas. Al igual que los etruscos, varias ciudades latinas estaban conectadas únicamente por su cultura y religión. Probablemente comerciaban entre ellas, así como fuera de su región. Sin embargo, no hubo unidad política entre ellas hasta que Roma se hizo lo suficientemente poderosa como para afirmar su dominio sobre todo el Latium.

El antiguo Latium, que era la forma en que los romanos se referían a esta región, tenía a Etruria como vecina al norte y a Umbría al sur. Su frontera occidental era el mar Tirreno. Al igual que los romanos, los latinos recibieron una gran influencia de los etruscos. De ellos aprendieron a leer y escribir y a organizar y estandarizar el ejército. El primer gobernante de los latinos fue el rey Latinus. Latinus es una figura mitológica, y también participó en la guerra de Troya. Los griegos conocen a Latinus por sus leyendas sobre Troya, pero fueron los romanos quienes continuaron su historia y lo convirtieron en el antepasado de todos los latinos. En el episodio mitológico de la fundación de Roma y el secuestro de las mujeres sabinas, los latinos lucharon contra Rómulo y su banda, aliándose con los sabinos. Este primer conflicto ocurrió probablemente en el 753 a. C., el mismo año en que se fundó Roma.

Los asentamientos de los latinos eran diversos, y cada asentamiento se consideraba una tribu (o clan) diferente. La primera tribu latina, que fue conquistada por los refugiados dardos de la guerra de Troya, fue la de los rútulos. Los crustumni fundaron el asentamiento de Crustumerium, y fueron los que se aliaron con los sabinos contra Roma. Los camineri habitaban las colinas de Albania, y fueron conquistados por la alianza de romanos y sabinos en algún momento entre el 753 y el 748 a. C. También estaban los latinos que vivían en Alba Longa, pero no se sabe mucho de ellos. Parece que eran personas tranquilas y no militares que simplemente fueron absorbidas por Roma. Las primeras fuentes mencionan una treintena de asentamientos latinos, pero hacia el año 500, ese número se redujo a solo quince ciudades independientes. Roma fue incluida como una de las ciudades del viejo Latium, pero pronto se convirtió en la única ciudad, ya que las demás fueron anexionadas tras su expansión.

Parece que no todos los latinos aceptaron por igual el dominio de Roma. Algunas ciudades, a pesar de haber sido anexionadas tempranamente durante la República romana, se rebelaron a menudo e intentaron recuperar su independencia. En el año 503, según el historiador romano Livio, las ciudades de Pometia y Cora se aliaron con los aurunos, una tribu latina del sur. Juntos, intentaron rebelarse contra Roma, pero finalmente fracasaron. Este tipo de intentos se sucedieron hasta el siglo IV, que fue cuando tuvo lugar la guerra latina. Este conflicto duró del 340 al 338, durante el cual los latinos se unieron a los volscos e intentaron separarse de Roma. Los latinos no tuvieron éxito. Cuando se firmó el tratado de paz, Roma consiguió anexionar algunos de los territorios latinos, mientras que los demás obtuvieron finalmente su autonomía.

Los sabinos

Los sabinos eran una tribu itálica que vivía en las montañas. Ocupaban las laderas de los Apeninos antes de la fundación de Roma. Sin embargo, parece que la población sabina se dividió en un momento dado, y mientras la mayor parte de la tribu permaneció en las montañas, algunos de ellos se trasladaron al sur y habitaron la zona del Latium, justo por encima de Roma. Las historias que rodean a los sabinos están estrechamente relacionadas con el mito de la fundación de Roma. Se dice que cuando Rómulo fundó la ciudad, invitó a rebeldes, exiliados y criminales a ocupar Roma como sus primeros ciudadanos. Llegaron, pero estaban solos. No tenían familias ni esposas. Como carecían de mujeres, Rómulo ordenó a los suyos que atacaran a los sabinos y secuestraran a sus hijas. Esta leyenda de las mujeres sabinas está grabada en las culturas de todo el mundo, ya que la escena se sigue reproduciendo hoy en día en diversas formas de arte, desde la pintura hasta la literatura. Pero los hombres sabinos no se rindieron simplemente a sus mujeres. Siguió una guerra en la que se perdieron muchas vidas. Las mujeres, que ahora estaban casadas con hombres romanos, no toleraban este tipo de matanzas, ya que afectaban tanto a sus nuevos maridos como a sus antiguos esposos y familiares. Su intervención puso fin a la guerra. Las mujeres sabinas aceptaron convertirse en mujeres romanas y se organizó una nueva alianza entre los romanos y los sabinos.

Se cree que el mito del secuestro de las sabinas no era más que propaganda política de la época posterior. Roma fue supuestamente gobernada por dos reyes después de la guerra: Rómulo y el rey Tito Tacio de los sabinos. Históricamente, los sabinos se fusionaron con los romanos y fundaron una sola nación. Muchos romanos estaban orgullosos de su ascendencia sabina, y muchos de ellos llegaron a ser emperadores de Roma más tarde. Pero hoy en día, todo lo que sabemos sobre los sabinos es que eran un pueblo indoeuropeo que llegó a Italia, quizás incluso antes que los latinos. Sus orígenes siguen siendo desconocidos, aunque los primeros historiadores especulan que fueron enviados desde el antiguo reino de Lacedemonia (que luego pasó a llamarse Esparta) para fundar una colonia en Italia. Por ello, se cree que los sabinos tienen orígenes espartanos, pero es posible que los antiguos historiadores simplemente relacionaran la afición de los sabinos por la guerra, la agresividad y la franqueza con la cultura espartana.

Nunca se han encontrado inscripciones de origen estrictamente sabino. Se cree que hablaban la lengua osca, ya que los escritores latinos señalaron algunas de sus palabras como de origen sabino. La leyenda de las sabinas es de origen mitológico, pero tiene un valor histórico, ya que Roma luchó a menudo con los sabinos durante los siglos IV y III a. C. La alianza entre los dos pueblos también es probablemente exacta, pero no significa necesariamente que el dominio fuera compartido. La historia moderna cree que Roma salió victoriosa del conflicto con los sabinos en el año 449. Después, los sabinos no aparecen en ningún registro romano hasta el año 290, cuando fueron conquistados y asimilados a la cultura romana. Los sabinos recibieron la plena ciudadanía romana en el 268, y fue entonces cuando dejaron de existir como nación. Su latinización y absorción en el mundo romano se completó en el siglo I de nuestra era. Solo el recuerdo de los sabinos sobrevive.

Los samnitas

Los vecinos del sur de Roma eran los samnitas, otro grupo de personas de habla osca. Se cree que los samnitas eran un grupo de sabinos que continuaron la migración desde los Apeninos desplazándose más al sur, habitando la región conocida como Safinim. En latín, esta región se llama Samnium, de donde surgió el nombre de samnitas. La moderna provincia de Benevento es solo una parte de lo que fue Samnium, pero las antiguas fronteras fluctuaron tan a menudo que es imposible hablar de fronteras permanentes.

La región de Samnio estaba habitada por cuatro tribus: los pentros, los caracenos, los caudinos y los hirpinos. Estas tribus formaban una confederación y eran conocidas colectivamente como los samnitas. Es posible que en fechas posteriores, otras tribus se unieran a la confederación. Los pentros se asentaron en el corazón de Samnium. Eran gente dura y amante de la guerra, y fueron la base de la confederación samnita. Los caracenos ocupaban las regiones del norte de Samnium, y su población era muy escasa. Los caudinos vivían al oeste y estaban influenciados por los griegos. Los hirpinos eran los sureños entre los sabinos, y a menudo eran llamados *uomini lupo* por los romanos, lo que significa el "pueblo de los lobos". De hecho, su nombre osco era *hirpus*, que significa "lobo".

La mayoría de los samnitas eran pastores de ovejas, y la propia cultura no conocía la esclavitud. Pero mostraban cierta afición por el conflicto, ya que organizaban juegos bélicos durante sus fiestas. Estos juegos se convertirían más tarde en una práctica común en toda Roma, ya que propiciaría el surgimiento de los gladiadores. Los primeros registros de los samnitas en las fuentes escritas se refieren a su victoria sobre el ejército romano en el año 321 a. C. Conquistaron algunos de los territorios romanos, expandiendo su dominio, y alcanzaron el punto álgido de su expansión en el 316 a. C. Sin embargo, pronto siguieron una serie de conflictos con Roma, en los que los samnitas perdieron. Su poder se rompió en el año 290, y los samnitas empezaron a aparecer en las filas del ejército romano. Pero algunos de los samnitas siguieron siendo rebeldes y, en lugar de rendirse a Roma, decidieron unirse a Aníbal Barca en sus esfuerzos durante la segunda guerra púnica (218-201 a. C.). Los que permanecieron fieles a Roma se integraron en la sociedad, pero se les negó la ciudadanía. Para avanzar en la vida social y política se necesitaba la ciudadanía oficial, y los samnitas no tardaron en rebelarse, iniciando la guerra social (91-87 a. C.). Durante este periodo, Lucio Cornelio Sula se convirtió en dictador, y aunque era enemigo de los rebeldes, concedió a los samnitas la ciudadanía romana para evitar nuevos conflictos. El proceso de asimilación completa comenzó, y no existen más menciones de los samnitas como pueblo en los registros romanos. Sin embargo, algunos de los romanos más notables estaban orgullosos de su herencia samnita, entre ellos el famoso Casio Longino y Poncio Pilato, que ordenó la crucifixión de Jesús.

Los galos

Los galos son un pueblo celta, y llegaron a Italia durante el siglo IV, cruzando los Alpes desde Francia. Por eso los galos que se asentaron en Italia se conocen como galos cisalpinos y se diferencian de los galos transalpinos, que vivían en algunas regiones de Francia. Pero los galos no eran un solo pueblo. No eran más que un grupo de pueblos celtas, y había muchas tribus individuales dentro del conjunto de los galos, como boyos, carnos, cenómanos, ínsubros y orobios. Cruzaron los Alpes ya en el siglo XIII a. C. y se asentaron en las regiones occidentales del valle del Po, donde se fusionaron con los pueblos indígenas para formar la cultura golaseca. Hacia el siglo VI, estas tribus galas volvieron a desplazarse y, al cruzar los Alpes, situados en la parte occidental de Italia, se encontraron con los ligures. Los dos pueblos se mezclaron y los ligures pronto se convirtieron en celtas, lo que resulta evidente por los cambios en su lengua. Sin embargo, esta hipótesis lingüística se basa en los nombres de antiguos asentamientos que aún prosperan en algunas regiones. No se conservó la antigua lengua ligur y no se sabe cuándo adoptó exactamente su forma celta. La parte noreste de Italia estaba habitada por el pueblo veneciano. El desplazamiento de los galos a su territorio supuso la rápida pérdida de la cultura veneciana y, en el siglo IV, estos indígenas estaban completamente asimilados a la cultura gala. Conservaron su lengua, pero aparte de eso, no podían distinguirse de los galos.

En el siglo IV a. C. se produjo la segunda oleada migratoria gala y, una vez más, las tribus galas de Francia cruzaron los Alpes y entraron en la región más septentrional de Italia. Pero esta vez no se detuvieron en el extremo norte, sino que ocuparon el vasto territorio entre los Alpes y los Apeninos. Aquí se produjo el primer contacto con Roma, que fue de guerra y conflicto. En el año 390 se libró la primera batalla entre los romanos y los galos, concretamente la tribu de los senones. Los romanos perdieron la batalla de Allia y los senones llegaron a saquear Roma. Los romanos pagaron a los galos para que abandonaran la ciudad, pero ese no fue el final del conflicto entre ambos pueblos. Los galos demostrarían ser un enemigo mucho más ingenioso y un matiz constante para los romanos, incluso durante el Imperio romano.

La expansión de Roma en el Mediterráneo

En el siglo III a. C., Roma era la potencia superior en Italia. Había conquistado y absorbido a muchos de sus vecinos, pero aún no había puesto a prueba su poder militar contra Cartago o Grecia, los gobernantes del mundo mediterráneo. Roma no tenía intención de luchar contra Grecia; incluso tenía un tratado con las colonias griegas en Italia (conocidas como Magna Grecia). Este tratado prohibía a los barcos romanos entrar en el golfo Tarentino, donde una de las colonias griegas más importantes, Tarento, daba al mar. Los barcos romanos acabaron entrando en las aguas prohibidas, aunque supuestamente solo fue como respuesta militar a otro pueblo itálico, los lucanos. Pero los griegos no se fiaron de esta excusa y, al sentirse amenazados, optaron por hundir las naves romanas. Temiendo las represalias que sin duda vendrían, los griegos invitaron a Pirro, el rey de Epiro, a luchar contra los romanos en su lugar. Pirro vio la invitación griega como una excusa para fundar su propia colonia en Italia, incluso un imperio. En el 280 a. C. comenzaron los primeros conflictos con la batalla de Heraclea. Pirro derrotó a los romanos porque su ejército utilizaba elefantes, que los romanos no habían visto antes en batalla. Pero se adaptaron rápidamente, y aunque no tenían suficiente poder para derrotar a Pirro en la batalla de Asculum (279 a. C.), consiguieron infligir tales pérdidas a su ejército que se acuñó el término "victoria pírrica". Este término se utiliza para definir una victoria que cuesta más de lo que vale.

Pirro no llegó a terminar su campaña contra los romanos porque ese mismo año, los griegos de Sicilia le invitaron a tomar el mando y expulsar a los cartagineses, que estaban atacando la isla. Pirro luchó con éxito contra los cartagineses en Sicilia hasta el año 276, pero los habitantes de la isla no estaban satisfechos con su gobierno. Le odiaban tanto que estaban dispuestos a invitar a los cartagineses a volver. En ese momento, Pirro se planteó volver a Epiro, pero recibió la noticia de que Roma seguía conquistando las colonias griegas del continente. Solo Tarento seguía en pie, y pedía ayuda a Pirro. El rey vio esta llamada como una oportunidad más para establecer su presencia en Italia, y partió de la costa siciliana. Sin embargo, en el estrecho de Mesina, la armada cartaginesa atacó su barco. Pirro llegó a tierra firme con solo 12 barcos de los 110 que tenía. No tenía efectivos para luchar contra Roma, pero se atrevió a responder al desafío en una ocasión: la batalla de Beneventum (275 a. C.). Reforzado por los griegos y algunas tribus itálicas, como los mesapios y los lucanos, Pirro luchó con valentía, y el resultado de la batalla fue indeciso. Al darse cuenta de que Roma se había convertido en una gran potencia, Pirro decidió abandonar sus ambiciones en Italia. También era consciente del conflicto que se estaba gestando entre Roma y Cartago, y probablemente fue una sabia decisión marcharse y no estar en medio cuando los dos gigantes decidieran cruzar sus espadas.

Las guerras púnicas

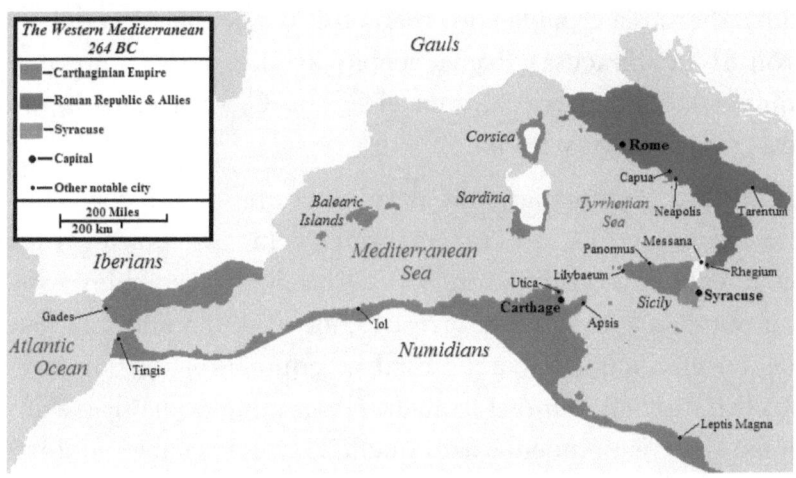

Roma y Cartago antes de la primera guerra púnica
https://en.wikipedia.org/wiki/Punic_Wars#/media/
File:First_Punic_War_264_BC_v3.png

Cartago fue una de las potencias mediterráneas más antiguas y fuertes del mundo antiguo. Surgió en el siglo IX a. C. como colonia fenicia. Ocupaba el territorio de la actual Túnez y el sur de España. Esta posición geográfica permitió a Cartago prosperar y crecer. En el siglo III, era tan poderosa que podía prohibir a los romanos entrar a las aguas del Mediterráneo occidental. Cualquier barco comercial romano atrapado en estas aguas estaba destinado a hundirse. En esa época, Roma no tenía armada y solo extendía su influencia a través de Italia. Pero Roma mostraba una tendencia a la conquista, y era solo cuestión de tiempo que la ciudad necesitara acceder a todo el Mediterráneo para satisfacer sus necesidades comerciales.

El territorio que desencadenó el conflicto entre las dos potencias mediterráneas fue Sicilia. Una vez abandonada por el rey Pirro, la isla fue compartida por Roma y Cartago. Pero Siracusa era una colonia griega independiente y, desde el año 289 a. C., sufría constantes ataques de los mamertinos, un grupo de mercenarios italianos. Pero los mamertinos no pudieron conquistar la ciudad solos. Pronto pidieron ayuda tanto a Cartago como a Roma. Cartago aceptó la llamada, pero tras escuchar que sus futuros aliados también invitaban a Roma, dieron la espalda a los mamertinos y se pusieron del lado de Hierón II de Siracusa. Roma aceptó ayudar a los mercenarios a conquistar la ciudad griega, y en el 264 a. C. se declaró la primera guerra entre Cartago y Roma.

Roma aún no tenía armada, pero sabía que para luchar con éxito contra Cartago, la guerra marítima era la única respuesta. Rápidamente se construyeron 330 barcos y los generales romanos, acostumbrados a las batallas terrestres, idearon una nueva táctica para luchar en el agua. Sus barcos estaban equipados con un ingenioso dispositivo, un tablón móvil llamado *corvus*, que podía fijarse al barco enemigo y servir de puente para que los soldados subieran a bordo y lucharan en la cubierta del enemigo. Los romanos eran famosos por su rápida adaptación, y esta fue una de sus geniales formas de aplicar a los combates marítimos las tácticas de batalla terrestres ya conocidas.

Durante los primeros conflictos, los romanos no tuvieron el éxito que esperaban. Todavía les faltaba la experiencia de luchar en el mar, y no tenían ningún general que pudiera dirigir con éxito la armada. Cartago, por el contrario, sabía muy bien cómo luchar en las aguas, y empleó a uno de sus mejores generales, Amílcar Barca (275-228 a. C.), para asaltar las ciudades costeras romanas. Esto dejó a los romanos ya ocupados en la batalla sin una línea de suministro. Pero los líderes de Cartago subestimaron a los romanos, ya que pensaron que Barca sería capaz de luchar contra ellos en solitario. Aunque tuvo éxito durante el primer conflicto y obtuvo una importante victoria en Drepana en el 249 a. C., Barca pronto se encontró con que le faltaban hombres y suministros. Ambos ejércitos estaban agotados y la lucha se detuvo durante los siete años siguientes. Durante ese tiempo, los líderes de Cartago acumularon riqueza, creyendo todavía que Roma no era una amenaza real. Los romanos utilizaron esos siete años para construir 200 acorazados y reclutar más de 60.000 soldados.

La guerra continuó en el 241 a. C., y los romanos obtuvieron una serie de victorias decisivas, sorprendiendo a su enemigo con su renovada fuerza. Cartago seguía sin querer enviar ayuda al general Barca, que tuvo que recurrir a mercenarios contratados. La batalla final, la batalla de las islas Egada, se libró en marzo de 241, y los romanos, al tener un ejército mejor entrenado y equipado, ganaron. Barca volvió a pedir ayuda a Cartago, pero en su lugar, el Senado cartaginés envió órdenes de pedir la paz a Roma. Cartago no pudo conservar su dominio sobre el Mediterráneo, perdió su parte de Sicilia y tuvo que pagar reparaciones a Roma. Pero los dirigentes de la otrora gran civilización tampoco pagaron a los mercenarios que lucharon por ellos, lo que resultó ser un gran error.

Los días del antiguo y poderoso Cartago habían terminado. Aunque todavía podía presumir de su importancia en el mundo mediterráneo, la propia civilización estaba excesivamente entregada a la corrupción y al juego de poder interno. Los fondos que deberían haber ido a parar al ejército fueron robados por los senadores cartagineses, cuyo único interés era llenar sus propios bolsillos. Cuando llegó el momento de que Cartago pagara a los mercenarios que habían luchado de su lado contra Roma, el tesoro de la ciudad estaba casi vacío. El Senado simplemente se negó a pagar, y los mercenarios insultados decidieron atacar la ciudad. Una vez más, los cartagineses confiaron en el genio militar de Amílcar Barca para liberar la ciudad. Pero el Senado seguía negándose a invertir en el ejército, y lo que se suponía que iba a ser un alivio rápido de Cartago acabó siendo la guerra de los mercenarios, que duró cuatro años (241-237 a. C.). Roma aprovechó la oportunidad para apoderarse de las colonias cartaginesas de Córcega y Siracusa, y los cartagineses ni siquiera se molestaron en retomarlas. Una vez terminada la guerra de los mercenarios, se centraron en la conquista de España, pero Roma ya estaba allí, tomando los territorios al norte del río Ebro y preparando el terreno para la segunda guerra púnica (218-201 a. C.).

Amílcar Barca murió en el 228 a. C., y le sucedió como líder militar de la conquista española su yerno, Asdrúbal el Bello. Pero Asdrúbal solo vivió unos años más, muriendo en el 221, y fue sucedido por Aníbal Barca, hijo de Amílcar. La leyenda cuenta que cuando Aníbal era solo un niño, su padre le hizo jurar que lucharía contra Roma. En el año 219, Aníbal dirigió el ejército cartaginés al norte del río Ebro hacia el territorio de Roma. Atacó la ciudad ibérica de Saguntum, que estaba bajo la protección de Roma. Esto provocó a Roma, y los senadores declararon la guerra a Cartago en la primavera del 219 a. C. Pero Aníbal era astuto, y pudo reunir un enorme ejército, acompañado de elefantes de guerra, que llevó por los Alpes hasta Italia. Roma no lo esperaba; nunca creyó que la guerra llegaría a sus puertas. La verdadera invasión de los territorios romanos había comenzado. La segunda guerra púnica es recordada en la historia como una de las guerras más sangrientas. No solo perdieron la vida muchos soldados, sino que ciudades enteras fueron arrasadas y los civiles fueron masacrados o esclavizados. Durante los diecisiete años que duró la guerra, todo el mundo mediterráneo se vio afectado. Nadie estaba a salvo.

Aníbal salió victorioso en muchas de sus primeras batallas, y su nombre inspiró miedo a los ciudadanos romanos. Temían que su ciudad fuera la siguiente, y creían que si Aníbal llegaba, Roma caería sin duda. Roma reforzó rápidamente las murallas de la ciudad y reclutó fuerzas adicionales para la defensa de la ciudad. Aníbal no vio ninguna razón para atacar directamente a Roma. Sabía que Italia caería si tomaba otras ciudades. Ticino, Trebia y Trasimeno cayeron, pero el punto álgido de la guerra se produjo en el 216 a. C. con la batalla de Cannas. Allí, Aníbal utilizó su superior caballería para rodear y atacar al enorme ejército romano. A pesar de estar en inferioridad numérica, el genio militar de Aníbal dio la victoria a los cartagineses. El ejército romano fue diezmado, pero este no fue el fin de la guerra. Una vez más, los romanos demostraron su capacidad de adaptación rápida. Tras emplear al joven general militar Publio Cornelio Escipión (más conocido hoy como Escipión Africano),

Roma ganó territorios en España y África, obligando a Cartago a abandonar Italia y defender su territorio. En el año 203 a. C., Aníbal y Escipión se enfrentaron en África, y los romanos consiguieron hacer retroceder a los cartagineses. Aníbal sufrió más pérdidas, que acabaron por decidir el resultado de la guerra. Cartago quedó reducida solo a sus posesiones en el norte de África, y Roma conquistó con éxito España.

La tercera guerra púnica (149-146 a. C.) fue el último conflicto entre Roma y Cartago. Se produjo porque Cartago rompió una de las condiciones de paz que se había implementado tras la segunda guerra púnica. En concreto, Cartago no podía hacer la guerra sin el permiso de Roma a menos que fuera para defender sus territorios. Cartago fue atacada por los númidas, pero se aventuró en su territorio para luchar. Esto fue motivo suficiente para que Roma declarara una nueva guerra con Cartago. Lo cierto es que Roma buscaba cualquier motivo para acabar con la presencia de Cartago en el Mediterráneo y hacerse con el control de todo el comercio. Fueron las especulaciones del senador Catón el Viejo y sus partidarios las que convencieron al Senado romano de proclamar esta guerra definitiva. El ejército romano fue enviado al norte de África, donde se desarrolló la totalidad de la guerra. Roma decidió dar el mando del ejército a Escipión Emiliano (también conocido como Escipión el Menor). En el año 146 a. C., Emiliano decidió lanzar un ataque final contra Cartago. Su ejército consiguió entrar en la ciudad y destruir las zonas residenciales, avanzando hacia la ciudadela. El conflicto final duró siete días. La masacre continuó hasta que los cartagineses se vieron obligados a rendirse. La antigua ciudad de Cartago fue arrasada y se calcula que solo sobrevivieron 50.000 ciudadanos. Estos ciudadanos fueron vendidos como esclavos. Alrededor de 650.000 cartagineses murieron, tanto soldados como civiles. Cartago ya no existía, y los romanos tardarían otro siglo en reconstruir la ciudad. El norte de África se convirtió en una provincia romana, con su nueva capital en Utica.

Italia y el Imperio romano

Después de las guerras púnicas, Roma se hizo inmensamente poderosa. Junto a las guerras púnicas, Roma luchó con otros reinos mediterráneos para imponer el dominio absoluto en esta parte del mundo. Sus cuatro guerras contra Macedonia, una contra el Imperio seléucida y otra contra la Liga Aquea (una confederación de ciudades-estado griegas del Peloponeso) se conocen generalmente como las guerras macedónicas (214-148 a. C.). Roma ganó en todos los frentes y, en sentido militar, se convirtió en un imperio. Sin embargo, políticamente seguía siendo una república, pero eso estaba a punto de cambiar. Mientras tanto, las tribus germánicas del norte estaban en marcha. A finales del siglo II, los romanos y las tribus germánicas de cimbrios, teutones y ambrones se enfrentaron, ya que estos pueblos migratorios ponían en peligro a la propia Italia. Procedían de la península de Jutlandia (al norte de la actual Alemania y parte de la Dinamarca continental), y suponían la mayor amenaza que Roma había visto desde las guerras púnicas. El conflicto recibió el nombre de guerra cimbra (113-101 a. C.) en honor a la tribu Cimbri, y fue la inspiración para las reformas militares y políticas que se produjeron en Roma en esa época. La organización definitiva de las legiones romanas fue introducida por el comandante militar y cónsul Cayo Mario. Creó el ejército que duraría muchos siglos, una fuerza que entraría en los libros de historia como uno de los ejércitos más disciplinados y exitosos del mundo.

Una persona que se benefició enormemente de las reformas marianas fue el sobrino de Cayo Mario, Cayo Julio César (100-44 a. C.). Las tropas recién organizadas eran extremadamente leales a sus líderes, y sin su apoyo, César nunca habría podido tomar el control de Roma e iniciar las reformas sociales que llevarían a la creación del Imperio romano. En Roma, la mitad del siglo I estuvo marcada por sangrientos conflictos entre enemigos políticos, concretamente César y Cneo Pompeyo Magno (más conocido como Pompeyo). Al principio, eran amigos y aliados, y cada uno obtuvo importantes victorias (César en Francia contra los galos y Pompeyo en la actual Turquía contra Mitrídates VI del Ponto). Junto con Marco Licinio Craso, formaron el Primer Triunvirato, que traería reformas a Roma, cuyo pueblo sufría por el acaparamiento de tierras por parte de los ricos. Pero los tres se volvieron demasiado poderosos y ricos, y solo era cuestión de tiempo que se volvieran unos contra otros. Esto ocurrió en el año 49 a. C., y a finales del 48, Pompeyo había sido asesinado en Egipto. César se quedó solo con todos los poderes de un emperador. Algunos académicos lo consideran el primer emperador de Roma, ya que se le otorgaron tales privilegios que lo igualaban a los dioses. Pero su título era el de "dictador", lo que significaba que mantendría el poder sobre Roma hasta que la amenaza inmediata a la república hubiera terminado. César tenía planes grandiosos para Roma y su pueblo, pero nunca vivió lo suficiente para cumplirlos. El 15 de marzo del 44 a. C. fue asesinado. Sus asesinos, los senadores, afirmaron que lo hicieron por la libertad de Roma, ya que César ejercía un tremendo poder. Estaba más cerca de los reyes de antaño, que Roma juró no volver a permitir, que del dictador de la república. Sin embargo, la libertad no siguió a la muerte de César. En su lugar, tuvieron lugar otros diez años de guerra civil. La animosidad entre Marco Antonio y el sobrino de César, Octavio, llevó a Roma a una nueva era. En el año 31 a. C., Octavio derrotó a Antonio en Actium (norte de Grecia) y tomó el título de Augusto, convirtiéndose en el primer emperador de Roma.

Octavio añadió el título de Augusto (Venerable) a su nombre, y en la historia se le recuerda como emperador Augusto. Aunque sus sucesores tomarían el mismo título para sí, ninguno de ellos sería recordado por él. Augusto gobernó durante cuarenta años, lo que está marcado como el apogeo de la historia romana. Roma continuó con su política expansionista, pero no tenía ningún enemigo lo suficientemente poderoso como para suponer una amenaza seria. Fueron los años de paz y prosperidad, y las legiones estaban estacionadas en las fronteras del imperio para asegurar su defensa. Estas provincias exteriores eran conocidas como provincias imperiales, mientras que las provincias pacíficas del interior del imperio eran las provincias senatoriales. En las provincias senatoriales reinaba la paz, ya que no estaban bajo el peligro inmediato de los enemigos exteriores. Además, era poco probable que se rebelaran e intentaran independizarse de Roma. Italia, en cambio, tenía un estatus especial. Aunque la paz gobernaba toda Italia, no era considerada una provincia. Italia era la patria, y estaba directamente bajo la administración del Senado romano. Todas las demás provincias, imperiales o senatoriales, eran gobernadas por un gobernador dedicado.

Cuando Octavio se convirtió en emperador, todos los pueblos que vivían en Italia recibieron la ciudadanía romana. Esto les daba derecho no solo a votar, sino a participar en la vida política activa del imperio. Aunque también se concedió la ciudadanía a las mujeres, no se les permitió votar. Esto se debía a que el Imperio romano aún no era lo que hoy consideramos un imperio. Augusto ostentaba el poder supremo, pero el Senado seguía operando bajo su mando, y todavía se guiaban por las políticas de la república. Los romanos no podían imaginar ser gobernados por un solo hombre, y aunque esa fuera la realidad, necesitaban esta pretensión de que el poder fuera compartido entre el emperador y el Senado.

Las fronteras de Italia cambiaron durante el gobierno de Augusto, ya que extendió la ciudadanía romana a los pueblos del valle de Aosta. También incluyó los Alpes occidentales y septentrionales dentro de las fronteras italianas, por lo que su frontera occidental estaba ahora en el río Varo. Las ciudades dentro de Italia tenían diferentes estatus políticos; mientras que algunas pertenecían directamente a Roma, otras tenían una autonomía limitada. El tercer tipo de ciudades italianas eran las colonias romanas. Para facilitar la administración, Augusto dividió Italia en once regiones diferentes. Algunas eran completamente nuevas, mientras que otras seguían las antiguas fronteras de las regiones, como Samnio, Umbría y Liguria. Augusto y sus sucesores dieron prioridad a Italia en la construcción de carreteras y edificios públicos. Estos proyectos de construcción trajeron la prosperidad económica a la península de los Apeninos, que ahora podía exportar mercancías con facilidad. Las carreteras conectaban el territorio continental italiano con las costas y los puertos desde donde los barcos llevaban diversos productos agrícolas y artesanales para su venta a través del mar Mediterráneo.

Pero no solo creció la economía. Con la paz y la prosperidad, era natural que la población creciera exponencialmente. Augusto exigió que se realizara un censo en tres ocasiones diferentes, pero los resultados no son concluyentes hasta el día de hoy. No sabemos si se contó a todos los ciudadanos romanos o solo a los ciudadanos varones adultos; quizás solo se contó a los ciudadanos varones adultos políticamente activos. Sin embargo, los académicos modernos estiman que la población de la Italia continental durante el siglo I de nuestra era creció entre seis y catorce millones. Con este crecimiento de ciudadanos, las artes y la literatura florecieron en Italia. Los ciudadanos ricos invertían en las artes, incluido el propio emperador. Pero el arte no era apreciado solo por su belleza y como medio para enriquecer la cultura del pueblo. Desempeñaba un papel político al hacer llegar la propaganda de las clases dirigentes al pueblo común y de Augusto a sus súbditos. El emperador encargó la famosa epopeya *Eneida*, escrita por Virgilio, en la que se explica la ascendencia de Augusto para adaptarla a la narrativa imperial. Los emperadores se veían ahora como descendientes directos de los héroes de la guerra de Troya y de Rómulo y Remo, los fundadores de Roma. El conflicto entre Cartago y Roma también se justifica en la *Eneida*. Eneas rechazó el amor de la mítica reina Dido de Cartago. Este rechazo legendario sentó las bases del conflicto que se produjo, aunque el mito brotó después. No fue más que una propaganda que sirvió para impulsar la maquinaria imperial de Roma.

La idea de Italia como nación unida nació durante el gobierno de Augusto. Tal vez fuera la idea original de Virgilio, que unió simbólicamente a través de sus obras a Roma y a Italia, una diosa (que, en aquella época, era conocida como Cibeles, la Gran Madre). Sin embargo, la Italia de Virgilio era diferente a la visión de Augusto. El emperador utilizó esta idea para sus fines políticos. Para Virgilio, Italia era una idea de nación unida, por muy diversa que fuera. Para Augusto, Italia era un territorio que le juraba lealtad. El emperador no podía ver más allá de sus ambiciones, y como consideraba a Italia como una conveniencia administrativa, su división de las regiones seguía cuidadosamente las antiguas fronteras étnicas. Los ciudadanos comunes, a diferencia de la clase dirigente, tenían un mayor aprecio por Italia, a la que consideraban su patria. Existen pruebas escritas de que los soldados solían reclamar dos patrias: Italia y las ciudades donde habían nacido.

Sin embargo, Italia aún no estaba unida, aunque el sentimiento de unidad existía. No era una federación de diferentes territorios itálicos, sino una unión política de unidades administrativas. Como tal, las ideas políticas podían nacer en cualquier parte, pero al final se dirigían al centro del imperio, a Roma. Esta ciudad no era simplemente una ciudad. Era el principio y el fin de todos los asuntos imperiales. Roma era el centro del universo para el pueblo de Italia, y no podían separar su identidad de ella. Uno podía vivir en la nueva ciudad colonial de Florentia (Florencia) y seguir llamándose romano. Este doble sentido del patriotismo era producto de varios tratados y alianzas que los pueblos itálicos habían realizado entre sí. El pueblo tenía un mayor sentido de la unidad, y la nación de Italia podría haber nacido entonces. Pero la idea fue suprimida por las necesidades imperiales de la clase alta, que impulsó la transformación de la república en imperio.

El poderoso Imperio romano alcanzó su apogeo con Augusto, y sus sucesores fueron más o menos capaces de preservar esas alturas. La megalomanía, la corrupción y la degeneración de los gobernantes romanos fueron consecuencia de la enorme influencia y poder de Roma. El liderazgo imperial comenzó a degradarse, y gobernantes incapaces como Calígula, Nerón y Antonino Pío hicieron del asesinato, la destrucción y la corrupción una parte de la vida normal. Sin embargo, el Imperio romano continuó prosperando, y fomentó el libre comercio y la justicia; incluso la primera pensión alimenticia se creó durante esta época, que debía asegurar el bienestar de los niños huérfanos y pobres. Toda Italia era un país de jóvenes, y los romanos comprendían la importancia de los niños. Para ellos, los niños no solo aseguraban la longevidad del nombre de la familia, sino que también eran el futuro del imperio. Los ciudadanos romanos solían morir a los treinta y cinco años. Esto se debía a las altas tasas de mortalidad de los hombres hábiles que luchaban en las guerras, pero también a las altas tasas de mortalidad infantil. Los niños rara vez vivían hasta los quince años, y sabiendo esto, los romanos se preocupaban por sus futuras generaciones.

El Imperio romano se transformó a lo largo de los siglos y, tras el gobierno de Nerón, surgieron generales militares como emperadores. Pertenecían a las clases sociales más bajas, y podían ser hijos de exitosos generales militares, nietos de simples pastores o prostitutas locales. Sin embargo, algunos de ellos demostraron ser capaces, si no los mejores gobernantes, del imperio. Trajano (98-117 d.C.) y Adriano (117-138) ni siquiera habían nacido en Italia. Procedían de las provincias españolas, mientras que sus sucesores eran galos, tracios o ilirios.

Aunque el Imperio romano estaba en guerra constantemente, Italia y muchas de las provincias senatoriales disfrutaban de una paz continua. Las ciudades de Italia no necesitaban altas murallas, ya que los conflictos nunca las alcanzaban. Los siglos I, II y III y gran parte del siglo IV fueron tiempos de relativa paz. El imperio alcanzó su mayor tamaño durante el reinado del emperador Trajano. Se extendió desde Britania en el norte hasta el norte de África, junto con Egipto, en el sur. Al oeste ocupaba todos los territorios de la península ibérica y Francia, y al este se extendía hasta Mesopotamia y Asiria. El Imperio romano era tan grande que el emperador Diocleciano (284-305) vio la conveniencia de compartir el gobierno con otros para tener un control más firme sobre todos los territorios bajo su protección. Ideó una tetrarquía, un sistema de gobierno en el que cuatro emperadores compartían el gobierno entre ellos. El imperio se dividió en dos grandes territorios: Occidente y Oriente. Cada uno de ellos se dividía de nuevo en mitades norte y sur, que eran gobernadas por diferentes individuos. Pero solo hubo un emperador por encima de todos: Diocleciano.

La tetrarquía no vivió mucho tiempo, ya que estaba condenada al fracaso con la muerte de su fundador. Cada uno de los emperadores restantes vio la oportunidad de imponer su propio dominio, y se sucedieron una serie de conflictos. Solo un gobernante emergió como el vencedor final: Constantino el Grande. Trasladó la capital de Roma a su recién fundada ciudad de Constantinopla. Allí proclamó el cristianismo como la fe oficial del imperio, y con ese traslado, Italia entró en una nueva fase de la historia.

Capítulo 4 - La Italia bárbara y bizantina

Definir la historia de Italia es una tarea bastante difícil. Como hemos visto, para los antiguos romanos, Italia era un concepto en el que todos estaban unidos como ciudadanos romanos. Pero este concepto fue rápidamente suprimido por las necesidades administrativas imperiales, e Italia se convirtió en una unidad geográfica, una península habitada por varios pueblos de diversos estatus. Durante la Antigüedad tardía, Roma extendió su influencia a Oriente, donde surgió un nuevo imperio. Aunque nunca perteneció a Italia propiamente dicha (la península itálica), el Imperio bizantino seguía siendo una parte integrante. Durante el periodo clásico, Italia formaba parte del Imperio romano. La Antigüedad tardía y el periodo medieval temprano verían a la península gobernada por forasteros, los que una vez fueron sus súbditos.

En el año 330, Constantino el Grande trasladó la capital del Imperio romano de Roma a su ciudad recién fundada, Constantinopla, que recibió su nombre. Pero este no fue el único cambio dentro del imperio. La religión oficial era ahora el cristianismo, y los nuevos emperadores eran individuos piadosos cuya fuerza residía en su fe. El Imperio romano comenzó a parecerse a los reinos de la época medieval. Roma seguía siendo un centro importante, ya que los líderes religiosos continuaban viendo esta ciudad como un lugar sagrado. En Roma, el primer papa, San Pedro (Pedro el Apóstol), fue crucificado por el simple hecho de ser cristiano. Aunque los nuevos emperadores romanos intentaron trasladar la principal sede cristiana a Constantinopla, el clero se resistió. Finalmente, se decidió que el papa permaneciera en Roma y que se instalara un patriarca en Constantinopla. Esta división de los líderes cristianos plantearía muchos problemas al imperio. Cada sede, la de Roma y la de Constantinopla, argumentaría su derecho a ser el líder supremo de la fe.

Pero la verdadera división entre Oriente y Occidente se produjo cuando el emperador Teodosio I (r. 379-395) quiso que sus dos hijos heredaran el trono. Arcadio (r. 383-408) sería el emperador en Oriente, y Honorio (r. 393-423) gobernaría en Occidente. Pero Occidente se había debilitado desde la época de Constantino el Grande. Aunque no intencionadamente, Constantino ignoró a Occidente. Al trasladar la capital a Constantinopla, atrajo la atención de comerciantes e inversores hacia Oriente. Así, Occidente fue abandonado económicamente, y se tambaleó detrás de Oriente en lo que respecta al desarrollo. Constantinopla necesitaba nuevas carreteras y proyectos de construcción para potenciar la nueva capital, y los impuestos para pagarlos se elevaron en Occidente. Esta brecha económica entre Oriente y Occidente influyó en el declive del Imperio romano de Occidente.

Oriente, en cambio, prosperó y se enriqueció. Constantinopla era una de las ciudades más ricas y fuertes del mundo. No es de extrañar que los enemigos del imperio ignorasen el Oriente y destrozasen el Occidente como si fuesen lobos. Italia era especialmente interesante para los invasores hunos, godos y vándalos. Puede que el gobierno de Honorio fuera largo, pero fue incapaz de defender su imperio, y mucho menos de devolverle su gloria anterior. Desde Diocleciano, el Imperio romano de Occidente había sido gobernado desde

Mediolanum (la actual Milán), mientras que Roma se convertía en un centro religioso y ceremonial. Honorio trasladó la capital occidental de Mediolanum a Rávena porque estaba mejor conectada, por mar, con el Imperio romano de Oriente, donde reinaba su hermano. Durante el gobierno de Honorio, Roma fue saqueada. El rey Alarico (r. 395-410) de los visigodos evitó Rávena y dirigió su ejército directamente a Roma en el año 410. Por aquel entonces, Roma ya ostentaba el título de "Ciudad Eterna" y, como centro espiritual de la mitad occidental del imperio, seguía siendo muy rica y popular. Nadie podía imaginar que la Ciudad Eterna cayera en manos de los bárbaros. Sin embargo, la falta de un ejército defensivo la convertía en un objetivo atractivo. El saqueo de Roma, el primero después de casi 800 años, se considera hoy un punto de inflexión en la historia. A partir de este momento, la caída del Imperio romano de Occidente era inminente.

Pero la propia Italia fue invadida diez años antes del saqueo de Roma. No era la intención de los visigodos conquistar el pueblo de Italia. Solo necesitaban un nuevo territorio donde asentarse, trabajar la tierra y vivir su vida cotidiana. Para ellos, Italia era un territorio lo suficientemente bueno como para soportar su creciente número. Incluso el saqueo de Roma se hizo de tal manera que el pueblo se dio cuenta de que no estaba siendo conquistado. Alarico y sus soldados se llevaron las riquezas que necesitaban y dejaron la ciudad en paz. Las leyendas cristianas cuentan que los visigodos fueron tocados por Dios y se marcharon sin destruir ningún edificio importante ni matar civiles. Pero estas leyendas son solo eso. La verdad histórica es diferente. Aunque no hubo una gran destrucción de los edificios (solo se quemaron dos basílicas) ni una matanza masiva de los habitantes de la ciudad, muchos murieron tratando de salvar sus riquezas. Otros fueron torturados, violados o vendidos como esclavos.

Tras el saqueo de Roma, Alarico dirigió su ejército hacia el sur de Italia, e incluso intentaron cruzar el mar Mediterráneo y llegar al norte de África, pero la corta enfermedad y la muerte de su rey se lo impidieron. Tras la muerte de Alarico, los visigodos volvieron a su reino en el sur de Francia e incluso se aliaron con el Imperio romano de Occidente, ayudando en su defensa contra los hunos. Sin embargo, su avance contra el imperio a principios del año 400 y su desbandada en Italia solo sirvieron para continuar la caída del Imperio romano de Occidente.

La historia nos enseña que Roma cayó debido a los ataques de los bárbaros, y somos propensos a imaginar una gran batalla entre el ejército imperial y las salvajes tribus germánicas, en la que el Imperio romano de Occidente fue arrasado. Pero el fin del Imperio romano de Occidente no se produjo de la noche a la mañana. No fue un único acontecimiento el que puso de rodillas a las otrora grandes legiones romanas. Fue una serie de eventos, que tuvieron lugar durante un período de tiempo. Los visigodos no fueron los únicos que atacaron Italia y otras provincias del imperio. Los vándalos saquearon Roma en el año 455, y aunque su nombre tiene hoy una connotación negativa, no quemaron ningún edificio y perdonaron a sus ciudadanos. Su saqueo de la ciudad fue incluso más pacífico que el del ejército de Alarico. Los monjes y sacerdotes cristianos escribieron sobre la misericordia que los vándalos mostraron a Roma, pero la propaganda imperial exigió que esta tribu se mostrara de la peor manera posible. Los historiadores romanos, fieles servidores de la propaganda imperial, hicieron un buen trabajo describiendo a los vándalos como salvajes, cuyo único propósito era saquear, robar y destruir. No es de extrañar que los romanos despreciaran a los vándalos. Hicieron algo más que saquear su Ciudad Eterna, lo que demostró lo débil que era el imperio. Incluso antes, en torno al año 435, los vándalos conquistaron las provincias romanas del norte de África, donde fundaron su propio reino, que gobernaron con éxito durante casi un siglo. Aumentaron la miseria del Imperio romano de Occidente, acercando cada vez más su caída definitiva.

Odoacro (r. 476-493) y Teodorico el Grande (r. 493-526)

Los historiadores discuten sobre quién fue el último emperador del Imperio romano de Occidente. Mientras que algunos apoyan la teoría de que fue Julio Nepote (r. 474-475), otros están a favor de Rómulo Augústulo (r. 475-476), que todavía era un niño y no contaba con el apoyo del Imperio romano de Oriente. Rómulo era una marioneta de su ambicioso padre, Orestes, el comandante militar de la corte de Julio Nepote. Orestes levantó una rebelión contra Nepote y, tras derrotarlo, envió a Nepote al exilio. Sin embargo, colocar a su hijo menor de edad como nuevo emperador no aportó a Orestes las nuevas alianzas que necesitaba para luchar contra la rebelión de las tribus bárbaras ya asentadas en Italia. Bajo el liderazgo de un oficial militar llamado Odoacro, derrotaron fácilmente a Orestes en 476, exiliaron a su hijo e iniciaron una nueva era en Italia. Odoacro fue el primer rey de Italia, aunque era un bárbaro.

La etnia de Odoacro sigue siendo un misterio. Los escritores e historiadores contemporáneos están divididos en la forma de referirse a él. Mientras algunos afirman que era un godo, otros piensan que llegó con el ejército multinacional de Atila el Huno. Los historiadores modernos se inclinan por pensar que Odoacro tenía orígenes entre las tribus germánicas orientales, pero no existen pruebas concluyentes. No se sabe nada de los primeros años de vida de Odoacro, salvo que no nació en Italia. Se alistó en el ejército romano y, en el año 470, se convirtió en el oficial de los *foederati* (bárbaros que luchaban del lado de Roma y que estaban obligados por un tratado), que estaban formados por varias tribus germánicas. Una vez que Orestes elevó a su hijo al trono del Imperio romano de Occidente, los *foederati* fueron los primeros en sospechar de sus intenciones y capacidades, ya que tanto el padre como el hijo no contaban con el apoyo del Imperio romano de Oriente, que seguía considerando a Julio Nepote como el legítimo emperador de Occidente. Sin embargo, los *foederati* no actuaron según sus sospechas. Se acercaron a Orestes y le pidieron tierras propias dentro de Italia, donde pudieran establecerse. Pensaron que sería un pago por sus servicios militares, pero Orestes los rechazó. Al no tener nada más que perder, los *foederati* se dirigieron a Odoacro, que les condujo a una rebelión.

La rebelión pronto se convirtió en una invasión, y los ejércitos de Odoacro se llenaron de tribus bárbaras. Orestes montó la defensa, pero como no tenía aliados, no pudo defender el trono. Odoacro mató a Orestes en Placentia (la actual Piacenza), pero perdonó al emperador de dieciséis años. La historia perdió la pista de Rómulo después de este momento, y nadie sabe qué fue de él. El 4 de septiembre de 476, el Senado de Rávena convenció a Rómulo Augústulo para que abdicara en favor de los invasores. Esta fecha se considera oficialmente como el momento de la caída del Imperio romano de Occidente. Sin embargo, como se ha visto antes, el Occidente imperial se había ido derrumbando lentamente desde el reinado de Constantino el Grande.

Todavía no había nadie en el trono imperial de Rávena, ya que Julio Nepote seguía afirmando que era el gobernante legítimo en Occidente. Organizó su nueva corte en Dalmacia, donde incluso recibió a los funcionarios del Imperio romano de Oriente que aún le apoyaban. Pero solo cuatro años después, Nepote fue asesinado mientras planeaba el regreso de Italia bajo su reinado. Odoacro aprovechó la oportunidad e invadió Dalmacia tras su muerte.

Odoacro gobernó Italia como su rey desde 476, y parece que contó con el apoyo y la lealtad del Senado romano. Fortaleció política y militarmente su reino, manteniendo buenas relaciones con la Iglesia. Italia comenzó a recuperarse bajo su mandato, y parecía que la estabilidad política y económica volvía a Occidente. Pero en Constantinopla gobernaba Flavio Zenón (r. 476-491), quien consideraba a Odoacro como su enemigo, aunque reconocía su legitimidad tras la muerte de Nepote. Zenón convenció a Teodorico, comandante de las fuerzas romanas de Oriente y gobernante de los ostrogodos, una tribu que a menudo se rebelaba contra Constantinopla, para que atacara a Odoacro en Italia.

En el año 488, Italia se convirtió en el campo de batalla donde Teodorico y Odoacro lucharon por el dominio. Teodorico ganó algunas de las batallas iniciales, pero su progreso se detuvo, e incluso perdió una batalla en Faenza en 490. Durante años, el conflicto continuó, y ambos líderes tuvieron sus victorias y derrotas. Pero cuando Teodorico consiguió tomar Rávena en el 493, Odoacro se dio cuenta de lo formidable que era su enemigo. En lugar de continuar la lucha, firmó un acuerdo de gobierno conjunto. De este modo, evitarían que el conflicto asolara Italia, aunque sus ambiciones personales no se vieran satisfechas. Teodorico demostró ser demasiado ambicioso para aceptar un gobierno conjunto. Durante la celebración de su coronación en Rávena, el nuevo rey sacó su espada y mató personalmente a Odoacro. Su hombre lo tomó como una señal, y todos los hombres de Odoacro fueron masacrados. Teodorico se aseguró su dominio exclusivo sobre Italia mediante esta sangrienta traición.

Pero no fue solo el deseo personal de gobernar lo que empujó a Teodorico a atacar Italia. Era el líder de los ostrogodos, y necesitaba un lugar donde asentar a su pueblo. Como servía al Imperio romano de Oriente, esperaba que Zenón le proporcionara tierras como recompensa. Pero Zenón se negó a hacerlo, y la animosidad entre ambos creció. No es de extrañar que Teodorico se rebelara a menudo contra Zenón. Ahora, como rey de Italia, necesitaba superar otro problema. Su tribu Amal solo contaba con 40.000 personas, y temía que si los dispersaba por Italia, la tribu desapareciera. En su lugar, decidió asentar a los amalianos en torno a Pavía y Rávena, manteniéndolos todos juntos.

Teodorico no solo conquistó la tierra; también conquistó a su gente. La devastación tras años de conflicto fue tan inmensa que amenazó con provocar una hambruna entre los antiguos y los nuevos colonos. Algunas zonas sufrieron una fuerte deforestación, ya que el ejército necesitaba madera para construir armas de asedio. Sin árboles que les sirvieran de protección, muchos campos fértiles se convirtieron en pantanos. Teodorico ordenó el drenaje de estas aguas y la plantación de nuevos árboles. Perforó pozos en las zonas que carecían de lluvia y construyó canales de riego para abastecer de agua los campos secos. El pueblo que gobernaba era tanto godo como romano y, como rey, no hacía diferencias entre ellos. Reorganizó las leyes para que todos los pueblos de la península itálica fueran tratados por igual. Cuando Teodorico consiguió conquistar Italia y matar a Odoacro, Zenón había muerto. El Imperio romano de Oriente tenía un nuevo gobernante, Anastasio I Dicorus (r. 491-518), que aceptó al nuevo rey de Italia y dio legitimidad a Teodorico y a sus sucesores.

Teodorico era analfabeto, pero fomentó la educación entre su pueblo y en su corte. Reunió a filósofos de todo el mundo, así como a artistas y figuras religiosas. Teodorico se preocupó por la gente más pobre promulgando leyes por las que se les daba raciones de maíz gratuitas cada año. También reconstruyó los acueductos destruidos, las antiguas calzadas romanas y algunos edificios destacados, lo que abrió puestos de trabajo para los menos afortunados. Mantuvo buenas relaciones con sus vecinos estableciendo alianzas mediante matrimonios. Se casó con la hermana del rey franco y entregó a sus hijas a los reyes de los visigodos y borgoñones. Mediante estos matrimonios, Teodorico esperaba crear un gran reino que uniera a los pueblos góticos de Europa. Aquellos pueblos que los romanos llamaban bárbaros surgían ahora para gobernar el mundo conocido.

Pero Teodorico no fue capaz de mantener la paz entre los reinos europeos. Aunque mantenía buenas relaciones con los francos y los visigodos, no pudo evitar que lucharan entre sí. Pronto, los borgoñones se unieron al conflicto, y el reino ostrogodo de Teodorico en Italia estuvo en peligro cuando su propio yerno, Segismundo de Borgoña, atacó las costas italianas. La oportunidad de Teodorico de fortalecer su reino llegó cuando el príncipe visigodo Eutarico murió en 522. Estaba casado con la hija de Teodorico,

Amalasuntha, y juntos tuvieron un hijo llamado Atalarico. Como Teodorico nunca tuvo un hijo varón, proclamó a su nieto, Atalarico, como su sucesor. Como el joven era el príncipe visigodo y el heredero del trono ostrogodo, los reinos quedaron unidos. Durante el apogeo del gobierno de Teodorico (523), el reino ostrogodo comprendía los territorios de la península itálica, Dalmacia y Panonia al este, y al oeste la Francia mediterránea y toda la península ibérica.

Hasta ese momento, Teodorico mantenía buenas relaciones con todas las iglesias cristianas de su reino. Pertenecía al cristianismo arriano, pero estaba más que dispuesto a tolerar a los trinitarios del cristianismo oriental. Después de todo, las buenas relaciones con Constantinopla eran importantes. La principal diferencia entre estas dos sectas tiene que ver con Jesucristo. Mientras que los arrianos creen que era un individuo diferente de su Padre Celestial, los trinitarios creían que Jesús era el mismo con Dios y el Espíritu Santo. Hoy en día, las principales sectas cristianas están unificadas en la opinión de que el arrianismo es una herejía, pero en el período medieval temprano, era una de las muchas enseñanzas legítimas. Esto no significa que los gobernantes toleraran todas las enseñanzas. En Constantinopla, el nuevo emperador, Justino I (r. 518-527), y su sucesor, Justiniano I (527-565), fueron ávidos luchadores contra la religión. Pertenecían a los trinitarios y estaban decididos a expulsar a todos los arrianos de Constantinopla y del Imperio romano de Oriente. Teodorico, en respuesta, cambió su política de tolerancia y comenzó a expulsar a todos los trinitarios de su reino italiano. Naturalmente, esto provocó tensiones entre la corte de Rávena y la de Constantinopla.

Probablemente esta tensión fue la que condenó a sus sucesores. Cuando Teodorico murió en 526, los treinta años de paz y estabilidad habían terminado. Le sucedió, como estaba previsto, su nieto, Atalarico. Pero este era todavía un niño, por lo que su madre, Amalasuntha, se convirtió en su regente. La prematura muerte de su hijo en el año 534 hizo que Amalasuntha se proclamara reina, y gobernó brevemente desde el año 534 hasta el 535. Sin embargo, no pudo conseguir la aprobación de Constantinopla. De hecho, el emperador Justiniano I la ignoró por completo. Como su posición en el trono era insegura, decidió invitar a su primo, Teodato, a gobernar conjuntamente con ella. Desgraciadamente, Teodato era ambicioso y vio en esta invitación una oportunidad para hacerse con el reino ostrogodo. En cuanto tuvo la oportunidad, arrestó a Amalasuntha y la exilió para luego ordenar su muerte.

Pero este no fue el final de los problemas dinásticos en el reino de los ostrogodos. El yerno de Amalasuntha, Vitiges, se levantó para vengarla. Derrotó a Teodato y se hizo con el trono de Italia, convirtiéndose en rey en el año 536. Pero no gobernó por mucho tiempo. En el año 540, Belisario, comandante militar del Imperio bizantino, atacó Italia, derrotó a Vitiges y reclamó toda la península para el emperador Justiniano I. Italia se reunió con lo que quedaba del Imperio romano.

Las guerras góticas (535-554)

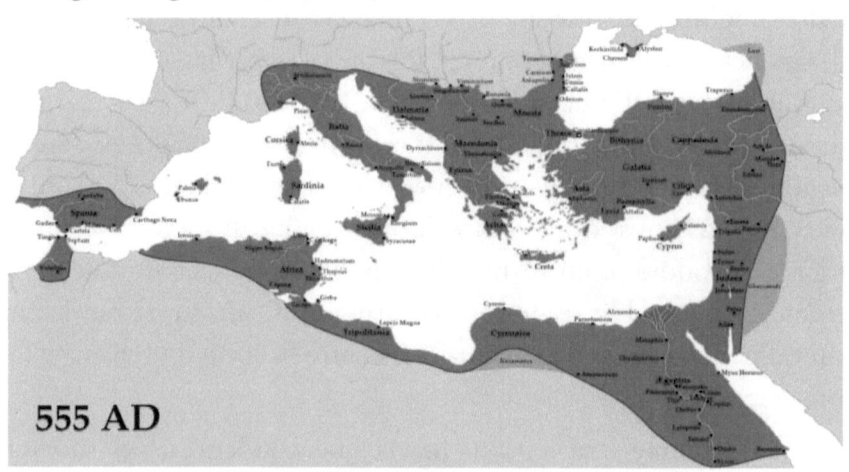

Territorios controlados por el emperador Justiniano
https://en.wikipedia.org/wiki/Byzantine_Empire#/media/File:Justinian555AD.png

Cuando Justiniano se convirtió en emperador del Imperio romano de Oriente, deseaba enormemente recuperar las antiguas posesiones occidentales y ponerlas bajo su control. Era ambicioso y quería que Hispania y Britania volvieran a estar bajo la influencia romana, pero sus primeras prioridades debían ser África, que era el principal proveedor de grano, e Italia, que era la cuna de la civilización romana. Justiniano no era un guerrero, pero sabía que podía confiar en el genio militar de su comandante, Belisario. Su primera tarea fue arrebatar el norte de África a los vándalos, que lo habían ocupado durante casi todo un siglo. Aunque Justiniano soñaba con reunificar el imperio, no estaba dispuesto a invertir fondos en expediciones militares que le acercaran a su sueño. En cambio, equipó a Belisario con solo una pequeña flota y unas pocas legiones. Pero el compromiso de Belisario con su tarea fue tremendo, y logró cumplirla contra todo pronóstico. Sin equipamiento suficiente y con un pequeño ejército, Belisario consiguió devolver el norte de África a lo que quedaba del Imperio romano.

El éxito de Belisario fue celebrado en Constantinopla, y Justiniano incluso organizó un homenaje para su general militar, el primero para un no emperador desde los días del gobierno de Tiberio. El siguiente paso fue devolver Italia y Dalmacia a su legítimo propietario. Durante décadas, habían sido gobernadas por los ostrogodos. Justiniano no solo quería devolver Italia al redil del imperio, sino que también quería ocuparse de los herejes, ya que los ostrogodos creían en el arrianismo. Esta vez, concedió a Belisario un ejército más numeroso y le envió en misión no solo para conquistar los territorios, sino también para liberar a las almas que sufrían la opresión religiosa bajo los gobernantes arrianos.

Los problemas dinásticos entre los gobernantes ostrogodos de Italia facilitaron aún más la tarea de Belisario. Todo el país estaba consternado y no estaban seguros de a quién debían su lealtad. El ejército ostrogodo estaba dividido, y durante los primeros años de la campaña, que comenzó en 535, Belisario tomó Dalmacia y Sicilia. En

536, Belisario cruzó el mar Adriático y entró en el territorio de Italia. Tras esta victoria inicial, decidió marchar directamente a Roma. Pero no hubo oposición ni defensa seria de la Ciudad Eterna, y el ejército romano oriental entró en ella en diciembre de ese mismo año.

Justiniano envió refuerzos desde Constantinopla, que asolaron las costas italianas mientras Belisario continuaba el asedio a Roma. El nuevo rey de los ostrogodos, Vitiges, tuvo que abandonar Roma cuando el ejército de hunos, enviado por Justiniano, les cortó el acceso a los suministros. En los años siguientes, las ciudades de Italia cayeron en manos del ejército romano oriental. Pero Rávena, la capital, resultó ser un reto para Belisario. Para conquistarla, Belisario tuvo que trasladar las tropas desde Dalmacia y cortar el suministro marítimo de la ciudad, pero incluso así, fue incapaz de tomarla.

Justiniano envió una propuesta a Vitiges para dividir el dominio sobre Italia. Los godos se quedarían con los territorios al norte del río Po, mientras que el resto de la península sería una posesión bizantina bajo el dominio directo de Constantinopla. Belisario creía que podía conseguir más y llevar toda Italia a Justiniano, por lo que se negó a firmar el tratado, lo que dio a Vitiges la impresión de que Belisario deseaba gobernar Italia por sí mismo. Aunque esta no era la impresión que Belisario quería dar, Vitiges vio una oportunidad, y le ofreció hacer a Belisario emperador romano de Occidente a cambio de más territorios. Belisario aceptó la oferta del rey godo, aunque no tenía intención de traicionar al emperador Justiniano. Al aceptar el trato de Vitiges, Belisario pudo entrar en Rávena en paz y capturar la capital desde dentro. Casi toda Italia quedó bajo dominio bizantino. Solo los territorios del norte permanecieron bajo los ostrogodos.

Después de estos tratos, Justiniano sospechó de su comandante militar, y lo hizo regresar a Constantinopla para evitar que se convirtiera en el emperador de Occidente. Esta medida resultó ser desastrosa. Con la desaparición de Belisario, los godos del norte se animaron a intentar recuperar sus territorios itálicos. Los godos se reorganizaron y reavivaron la guerra con el Imperio romano de

Oriente. Lo que podría haber sido una breve conquista de la península itálica se convirtió en doce años más de guerra. Belisario llevó a Vitiges a Constantinopla, donde debía firmar el tratado directamente bajo la supervisión del emperador Justiniano y convertirse en su prisionero. Los godos que habían permanecido en Italia para luchar necesitaban un nuevo líder. Eligieron a Baduila, que más tarde sería conocido como Totila (r. 541-552), como su nuevo monarca. El nuevo rey godo se propuso hacer algo que Justiniano nunca se molestó en hacer: ganarse la confianza del pueblo romano de Italia.

Cuando Justiniano envió a Belisario a reconquistar Italia, a los romanos itálicos no les importó unirse a su ejército. Eran indiferentes a la guerra entre los godos y Constantinopla. Para ellos, la vida continuaba, sin importar quién gobernara. Baduila comprendió la importancia de contar con el apoyo de todos los pueblos de Italia, no solo de los godos. No fue difícil poner a estos pueblos en contra de Constantinopla, ya que el emperador les hizo pagar un "impuesto de liberación". A pesar de que Italia quedó devastada por la guerra, Justiniano aplicó impuestos adicionales a su pueblo para recuperar el dinero que se había perdido en el esfuerzo bélico. Baduila prometió impuestos iguales para todos y la libertad de continuar con sus labores sin ser molestados si se unían a sus esfuerzos para devolver el reino ostrogodo en Italia. Incluso aceptó a los desertores del ejército romano de Oriente, prometiéndoles un mejor trato. Y por último, ofreció a los esclavos un lugar en su ejército y la promesa de que nunca serían devueltos a sus amos.

Justiniano volvió a enviar a Belisario, esta vez permitiéndole llevar solo 4.000 soldados a Italia. Esto no fue suficiente, ya que el ejército del rey Totila incluía a todos los ostrogodos y a los romanos de Italia. Totila ya había tomado Nápoles (543) cuando Belisario llegó a las costas de Italia en 544. Los godos ya se preparaban para tomar Roma y la saquearon en 546. El segundo asedio a Roma se produjo poco después, y Belisario logró defenderla. Pero en 549, el celoso emperador Justiniano volvió a llamar a Belisario a Constantinopla, donde se retiró de su carrera militar. Sin embargo, las guerras góticas continuaron hasta que, finalmente, el general Narses consiguió destruir el reino ostrogodo y poner a Italia bajo el redil bizantino en 554. Después de que Constantinopla tuviera finalmente el control de la península, los francos atacaron desde el norte. El Imperio bizantino estaba financieramente agotado por las guerras, y mantener Italia parecía imposible. Justiniano murió en 565 y, tres años después, los lombardos llegaron y conquistaron la Italia continental. Solo Sicilia y algunas ciudades del sur permanecieron bajo control bizantino directo.

Capítulo 5 - El reino de los lombardos y el surgimiento de los Estados Pontificios

*Territorios controlados por los lombardos (en azul)
en el apogeo de su poder (749-756)*

https://upload.wikimedia.org/wikipedia/commons/c/ce/Aistulf%27s_Italy-en.png

Los lombardos eran una tribu germánica que invadió Italia tras ser devastada por las guerras góticas. Su origen se remonta al sur de Escandinavia. Sin embargo, en algún momento antes del siglo I de nuestra era, emigraron a Panonia, en la actual Hungría, pero también habitaron los territorios de la actual Austria y Eslovaquia, donde lucharon con otras tribus germánicas. Existen pruebas que sugieren que los lombardos prosperaron en esta parte de Europa. Estaban gobernados por un rey como nación unida y derrotaron a los gépidos (otra tribu germánica). El rey Alboino (r. 560-572) decidió llevar a su pueblo más al sur para asentarse en Italia, que estaba muy despoblada tras las guerras góticas. La guerra anterior con los gépidos trajo consigo el ascenso de los ávaros, que querían dominar la región. Para luchar contra los ávaros, Alboino se casó con una princesa gépida y poder así vincular a los lombardos y a su anterior enemigo en una alianza contra los ávaros. Pero los gépidos se debilitaron hasta el punto de extinguirse, y Alboino se dio cuenta de que era más prudente abandonar la zona que luchar contra los poderosos ávaros.

Italia no fue una elección casual. Un gran número de lombardos había servido anteriormente al ejército imperial bajo el liderazgo del general Narses cuando luchaba en la última de las guerras góticas. Tenían experiencia de primera mano de cómo era Italia y habían sido testigos de su despoblación. Es posible que estos soldados sugirieran a Alboino que llevara a su pueblo a Italia. Sin embargo, algunas fuentes afirman que fue el propio Narses quien los invitó. Los académicos no saben qué fuente es fidedigna, pero en 568, Alboino y sus lombardos llegaron al norte de Italia.

Cuando los lombardos llegaron por primera vez a Italia, conquistaron un gran número de ciudades sin mucha resistencia por parte de las fuerzas imperiales. Constantinopla no disponía de fondos ni de tropas para mantener sus posesiones en Italia y hacer la guerra en Oriente al mismo tiempo. Este periodo de la historia se conoce como la Edad Media bizantina. El imperio sufrió varios ataques, primero de los ávaros y búlgaros y luego de los persas del Imperio sasánida. Los bizantinos simplemente tuvieron que prestar menos atención a Italia. Los lombardos aprovecharon su oportunidad y, en el año 572, habían conquistado la mayor parte de la península italiana. La única ciudad en la que se organizó la resistencia fue Pavía, y Alboino tardó tres años en conquistarla. El rey lombardo fijó su capital en Verona y la trasladó a Pavía una vez tomada.

El rey Alboino es recordado por haber dividido Italia en treinta y seis ducados. Cada uno de ellos estaba gobernado por un duque, que era el único con poder para informar directamente al rey. Esta división de Italia fue una solución brillante para la administración y la burocracia del reino, pero también tuvo aspectos negativos. Los duques recibieron demasiado poder ejecutivo, y cada ducado se encontraba en un nivel de prosperidad diferente, dependiendo de las capacidades de sus duques. Mientras que algunas regiones prosperaban, otras sufrían pobreza y hambruna debido a los codiciosos e incapaces hombres en el poder. El rey se concentraba en las fronteras del reino porque los francos intentaron invasiones. Además, el Imperio bizantino seguía esforzándose por recuperar algunas de sus posesiones anteriores en Italia, y a menudo atacaba las ciudades del recién creado reino lombardo. Esto significa que los duques dirigían los asuntos internos del reino, y su rivalidad dio lugar a una falta de unidad entre las regiones.

Desde el principio, el Reino Lombardo se encontraba en un estado vulnerable. La reina Rosamunda, esposa del rey Alboino, conspiró para asesinar a su marido. Convenció al hermano adoptivo de Alboino, Helmichis, para que lo matara. Nunca perdonó a su marido por haber asesinado a su padre, el rey de los gépidos. Helmichis se casó con Rosamunda para asegurar su sucesión al trono, pero el asesinato del rey tuvo un efecto devastador en el reino. Los ducados perdieron el sentido de la unidad que tenían y comenzaron los conflictos internos. Los lombardos perdieron al único rey capaz de mantenerlos unidos, y los duques comenzaron a luchar entre sí. El reino también se vio amenazado por los francos, que esperaban la oportunidad perfecta para asestar el golpe definitivo.

Los bizantinos aún conservaban algunas de sus posesiones en Italia, y el emperador Mauricio (r. 582-602) realizó un verdadero esfuerzo por recuperar aún más ciudades italianas en 584. Fundó el Exarcado de Rávena, una unidad política que sería la base de futuras acciones en Italia. El exarcado agrupaba todos los ducados que estaban bajo dominio bizantino, como Roma, Calabria, Perugia, Nápoles y Venecia. Esta unidad estaba gobernada por un exarca, cuya tarea era organizar a los lugareños en un ejército. Pero los habitantes de Italia no tenían intención de permitir que el emperador bizantino los gobernara. Estaban cansados de la guerra constante y deseaban ver mejoras, no más devastación. Pero no fue el pueblo el único culpable del fracaso del exarcado. El papa en Roma era un aliado inestable que tenía sus propias razones para desear que los bizantinos se fueran de Italia. Al principio, el papa era el aliado de los bizantinos, pero cuando se produjo la ruptura entre la ortodoxia y el catolicismo, inspirada por la iconoclasia, en el año 726, el papa estaba más del lado del pueblo y en contra del exarcado de Rávena. Finalmente, la idea del exarcado fracasó, disolviéndose el exarcado en el 751.

Sin embargo, la fuerza imperial del exarcado hizo que los duques lombardos dejaran de luchar entre sí. Se vieron obligados a elegir un líder que los uniera contra su enemigo común. En 584, eligieron a Autario como nuevo rey. En 586, los lombardos derrotaron a las fuerzas bizantinas bajo el liderazgo del exarca Smaragdus, pero pronto perdió algunos territorios debido a los constantes ataques de Rávena. Al mismo tiempo, los lombardos sufrieron ataques francos. Con la esperanza de crear una alianza con ellos, Autario planeó casarse con la hija del rey Childeberto II de los francos. Sin embargo, las negociaciones entre ambos fracasaron y los francos se aliaron con el Imperio bizantino contra los lombardos. En 590, esta alianza inició una invasión a gran escala de Italia, y ese mismo año, Autario murió, aunque no en combate. Probablemente fue envenenado por conspiradores, y le sucedió Agilulfo (r. 590-616), duque de Turín.

El nuevo rey de los lombardos demostró ser mucho más exitoso políticamente que su predecesor. Consiguió la paz y aseguró las fronteras con los francos. Luego se dedicó a reorganizar la administración del reino para suprimir a los duques, que ejercían demasiado poder. Italia estaba ahora bajo el control directo del rey, no de los duques. Esto trajo un nuevo sentido de unidad, y los conflictos internos se redujeron. En ese momento, los bizantinos tenían las manos ocupadas con los búlgaros, los eslavos y los persas, por lo que no tenían tiempo ni recursos para dedicarse al problema italiano. Esto trajo una relativa paz a Italia, y Agilulfo pudo concentrarse en los problemas internos. Estos eran sobre todo de carácter religioso. Los lombardos eran cristianos arrianos. Por otro lado, la mayoría de la población romana era trinitaria. Incluso la esposa de Agilulfo, Teodelinda, era católica romana, e insistió en convertir a su marido. Agilulfo aceptó hacerlo para asegurar la paz en su reino. Incluso bautizó a sus hijos como católicos. Aunque el arrianismo nunca fue prohibido en el reino de los lombardos, el conflicto religioso entre los dos grupos pereció. Los duques arrianos eran conocidos por ser mecenas de los santuarios católicos, y a partir de ese momento se produjo una persistente ausencia de debates o enfrentamientos religiosos.

Esta paz religiosa y la unidad nacional hicieron que los lombardos adoptaran la cultura material y espiritual de sus compañeros romanos de la península italiana. Sus ropas, modales y costumbres pasaron de ser similares a las de los francos y godos a ser puramente romanas. Los restos de los rituales paganos lombardos desaparecieron lentamente y fueron sustituidos por el catolicismo, aunque esos mismos rituales paganos podían seguir observándose entre los francos. Los lombardos comenzaron a bautizar a sus hijos como católicos, probablemente siguiendo el ejemplo de su rey, y los nuevos nombres que eligieron para sus hijos e hijas eran todos de origen romano. Cuando Agilulfo murió en el año 616, su reina gobernó como regente hasta el año 626, que fue cuando su hijo, Adaloald, llegó a la edad adulta. Pero fue rápidamente depuesto por Arioaldo (r. 626-636), su cuñado, que era arriano. Arioaldo se opuso abiertamente al catolicismo y restableció el arrianismo entre la élite lombarda. Sin embargo, solo gobernó durante diez años y estuvo ocupado principalmente en la lucha contra los ávaros. No consiguió encender un verdadero conflicto religioso entre arrianos y trinitarios.

Después de Arioaldo, Rotario llegó al poder. Fue considerado uno de los mejores reyes lombardos. Bajo su mandato, los lombardos reanudaron su lucha contra el Imperio bizantino y consiguieron ampliar su reino. Constantinopla ya solo poseía Roma y algunas provincias costeras menores. El norte y el interior de Italia estaban bajo el firme dominio de los lombardos. La mayoría de las provincias del sur juraron lealtad al rey lombardo, pero algunas de las ciudades costeras se resistieron, ya que eran leales al Imperio bizantino. Rotario es conocido por haber promulgado la primera ley lombarda, conocida como *Edictum Rothari*, en el año 643. Este nuevo conjunto de leyes solo se aplicaba a sus súbditos lombardos, lo que significa que los romanos seguían viviendo bajo el derecho romano pero dentro de la jurisdicción lombarda. Aunque fue un rey eficaz y querido por su pueblo, Rotario tuvo su cuota de enemigos políticos. Cuando murió, su hijo Rodoaldo llegó al poder. Sin embargo, el nuevo rey fue inmediatamente asesinado por los enemigos de su padre.

La estabilidad del reino lombardo se tambaleó. Los conflictos políticos dentro del reino dividieron el gobierno entre dos individuos. Uno tenía su base en Milán, mientras que el otro permanecía en Pavía. Esta división acabaría convirtiéndose en la evidente decadencia del Reino lombardo. No solo lucharon entre ellos, sino que también protagonizaron una guerra contra los eslavos invasores, que estaban en sus fronteras. En el año 712, Liutprando subió al trono y consiguió unir la nación. Gobernó hasta el año 744, y a menudo se le considera el mayor rey lombardo desde el gobierno de Alboino. Liutprando forjó una alianza con los francos y, con su ayuda, expandió el reino de los lombardos más allá de los territorios que habían sido tomados por Rotario. También se le recuerda por la Donación de Sutri, el primer acuerdo entre los lombardos y el papa, que se firmó en el año 728. Liutprando regaló algunas ciudades del Latium al papa Gregorio II, probablemente para asegurarse de que el papa rompiera su lealtad al Imperio bizantino. El papado obtuvo sus primeros territorios fuera del Ducado de Roma a través de la Donación de Sutri, un movimiento que aseguraría el surgimiento de los Estados Pontificios.

Tras la muerte de Liutprando, se sucedieron una serie de reyes débiles e incompetentes, aunque algunos de ellos consiguieron ampliar sus posesiones. En el 751, el exarcado de Rávena cayó cuando los lombardos consiguieron matar al último exarca bizantino, Eutiquio. Algunos de los territorios permanecieron bajo dominio bizantino, y se reorganizaron en el Catepanado de Italia, pero la capital se trasladó a Bari. Sin embargo, este territorio pronto caería en manos de los sarracenos, y la presencia bizantina en Italia se limitaría a una región muy pequeña del sur de Italia. Pero eso no significa que los bizantinos se rindieran. En el siglo IX, el esfuerzo por reconquistar Italia y Dalmacia se renovó con el emperador Basilio I.

El papa Esteban II coronó a Pipino el Breve como rey de los francos en 751 y le concedió el título de Protector de Roma. El rey de los francos estaba ahora vinculado a una alianza con el papa, y bajo sus órdenes y con la pretensión de defender la santa sede, Pipino atacó el norte de Italia y conquistó algunas de sus regiones en el 756. Los lombardos derrotados se vieron obligados a retirarse, ya que Pipino regaló los territorios al papa (lo que se conoce como la Donación de Pipino). El último rey de los lombardos, Desiderio (r. 756-774), intentó hacer las paces con los francos casando a su hija con el príncipe Carlomagno, futuro rey franco. Pero el papa Esteban III se opuso a este matrimonio, lo que profundizó el conflicto entre los lombardos y el papado. Esteban llegó a persuadir a algunos duques lombardos para que abandonaran el reino y unieran sus fuerzas a las de los francos. Carlomagno fue coronado como rey de los francos por el papa Esteban III en 768 y se vio obligado a luchar contra los lombardos. Pero para ello, el rey franco tuvo que divorciarse de la hija de Desiderio, lo que hizo con gusto para poder casarse con Hildegarda de Suabia y crear una nueva alianza. En el 773, Carlomagno invadió Italia y, una vez que logró vencer la resistencia lombarda, capturó la capital del reino, Pavía. Desiderio y su esposa fueron exiliados, pero Carlomagno no quiso disolver el reino que ya funcionaba. Mantuvo su administración y sus leyes, pero sustituyó a los duques por condes, basando el nuevo gobierno de Italia en el modelo franco. El dominio lombardo de Italia llegó a su fin, pero su pueblo permaneció. Aunque se asimilaron a los romanos, siguieron formando parte de la nación italiana.

En el año 781, Carlomagno regaló aún más territorios al papa, y partes de los territorios de Rávena, Pentápolis, Toscana, Lombardía y Córcega se convirtieron en los Estados Pontificios. La alianza entre la dinastía carolingia franca y los papas de Roma duró mucho tiempo. Aunque tuvieron algunas diferencias e incluso conflictos, esta alianza fue fructífera para ambas partes. Comenzó realmente en el año 800, cuando el papa León III coronó a Carlomagno como emperador y creó el Imperio romano. Una vez más, había dos emperadores romanos, uno en Oriente y otro en Occidente. El adjetivo "Santo" se añadió más tarde, en 1157, cuando Occidente fue gobernado por Federico I Barbarroja, rey de Alemania.

Incluso durante la existencia del Sacro Imperio Romano, los Estados Pontificios prosperaron. No eran solo territorios unidos bajo un gobernante religioso. Eran territorios en los que tanto el poder eclesiástico como el secular estaban en manos del papa. Este poder se conoce con el nombre de "poder temporal del papa". Los Estados Pontificios persistieron durante la Edad Media, el Renacimiento y hasta bien entrada la era moderna. Pero los ciudadanos de estos territorios no querían necesariamente ser gobernados por el papa. Las rebeliones y las diversas facciones políticas provocaron a menudo un deterioro de la calidad de vida, lo que, a su vez, dio lugar a otra serie de rebeliones. En un momento dado, el papa Clemente V trasladó su corte a Aviñón, en Francia. Esta ciudad se convirtió en el primer y único Estado Papal fuera de Italia. Los Estados Pontificios terminaron alrededor de 1870, durante las guerras napoleónicas, cuando el ejército italiano unido capturó Roma. El papa se negó a convertirse en súbdito del Reino de Italia y se encerró en el Vaticano. Aún hoy, la Santa Sede permanece en el Vaticano, que se encuentra dentro de Roma. En febrero de 1929, se reconoció oficialmente el Estado de la Ciudad del Vaticano, que sigue siendo el único Estado papal superviviente.

Capítulo 6 - El lugar de Italia en el Sacro Imperio Romano Germánico

Italia en el Sacro Imperio Romano Germánico
https://en.wikipedia.org/wiki/Kingdom_of_Italy_(Holy_Roman_Empire)#/media/File:Kingdom_of_Italy_1000.svg

El papa León III y Carlomagno devolvieron el título de emperador a Occidente. Pero los territorios que consagraron como imperio aún no formaban parte del Sacro Imperio Romano. Italia formaba parte del Imperio carolingio, que estaba bajo dominio franco, pero no fue anexionada. En cambio, Carlomagno se proclamó rey de los lombardos, admitiendo que Italia y Francia eran reinos separados gobernados por un solo rey. Los lombardos nunca llegaron a desaparecer de Italia. Las familias aristocráticas se retiraron al sur, donde otros lombardos seguían controlando Benevento. Aquí, los duques lombardos gobernaron durante los siguientes 300 años.

Cuando el emperador Lotario I murió en 855, el Imperio carolingio se dividió entre sus tres hijos. Luis II era el mayor, y obtuvo los territorios de Italia, que incluían todas las tierras del norte. El reino italiano se extendía hacia el sur hasta Roma, pero no incluía la ciudad del papa. Más al sur estaban los lombardos en Benevento y las posesiones del Imperio bizantino. Aunque seguía formando parte del Imperio carolingio, Italia, una vez más, se consideraba un territorio político independiente con su propio rey. Pero tras la muerte de Luis II, hubo mucha confusión. ¿Quién debía heredar Italia ahora? Los dos aspirantes al trono italiano eran Carlos el Calvo de Francia Occidental, que es la actual Francia, y Carlos el Gordo de Francia Oriental, un territorio que corresponde a la actual Alemania. Carlos el Gordo se hizo con el trono de Italia en el año 880 y lo convirtió en su residencia permanente hasta el final de su mandato en el año 887.

En las décadas siguientes, Italia fue testigo de muchos pretendientes al trono. Italia se convirtió brevemente en un reino independiente cuando las familias nobles locales de Spoleto y Friuli se disputaron la corona. Ni siquiera la intervención del exterior logró restablecer el orden dentro de las fronteras italianas. Entre el 888 y el 962, hubo al menos once individuos que pretendieron ser reyes de Italia. La estabilidad no volvió a Italia hasta mediados del siglo X, cuando Otón de Alemania reclamó el trono. Estaba casado con Adelaida, que era hija y esposa de tres reyes italianos anteriores. Otón siguió el ejemplo de Carlomagno; en lugar de anexionarse el reino, tomó la corona, nombrándose a sí mismo rey de los lombardos. En 962, el papa Juan XII lo coronó emperador, lo que dio inicio al dominio alemán sobre Italia. Durante los tres siglos siguientes, gobernaron tres dinastías alemanas distintas: Sajona, Salina y Suaba (Hohenstaufen).

Los emperadores alemanes tenían un papel muy complejo. Eran elegidos por los príncipes alemanes y serían coronados como reyes de Alemania. En ese momento, también se convertirían en los reyes de los romanos. A continuación, debían cruzar los Alpes y entrar en Pavía, donde serían coronados como reyes de los lombardos. Y por último, visitarían Roma, donde el papa los coronaría como emperadores del Imperio romano. Viajando de esta manera a lo largo y ancho de su territorio, el emperador se dio cuenta del tamaño de su imperio. Se extendía desde el Báltico y los mares del Norte hasta el Adriático y el Tirreno al sur. Al gobernar una zona tan extensa, Italia quedaba a menudo desatendida. Aunque el emperador contaba con sus instituciones y partidarios en la península italiana, la falta de su presencia animaba a los magnates a conspirar contra él. Sin embargo, durante esta época no se produjo ninguna amenaza grave para la integridad del imperio. Las ciudades y la agricultura prosperaban, y el número de habitantes de Italia se había duplicado desde la despoblación de las guerras góticas. El pueblo gozaba de una relativa riqueza, y la ausencia de un gobernante le inspiró a intentar tomar el control de los asuntos de su ciudad. Surgieron las comunas, y en ellas se elegían los líderes, que tenían el poder de dirigir los tribunales y levantar un ejército. Los emperadores estaban demasiado ocupados luchando en guerras fuera de sus fronteras, por lo que las comunas fueron ganando poco a poco un cierto nivel de autonomía. En el siglo XI, las ciudades lombardas y toscanas tenían autonomía en todo menos en el nombre.

En 1155, un nuevo emperador llegó al trono. Su nombre era Federico Barbarroja (r. 1155-1190). Estaba decidido a cambiar la situación en Italia y a poner fin a las comunas y a su lucha por la autonomía. Se consideraba el sucesor del César, e incluso pretendía ser equivalente al Augusto del antiguo Imperio romano. A sus ojos, los reyes de Inglaterra y Francia eran inferiores, por no hablar de los reyes de las naciones europeas más pequeñas, como Suecia o Galicia. Planeaba deshacerse de los gobernantes locales y de las comunas en Italia e instalar a sus propios hombres como funcionarios de la ciudad. También quería recaudar los impuestos sobre las mercancías italianas, así como los peajes y las aduanas. Sus predecesores habían permitido que los magnates locales subieran al poder y cobraran estos impuestos para sí mismos.

Barbarroja no tuvo muchos problemas para devolver la mayoría de las ciudades italianas al redil del imperio, pero Milán se resistió. Para subyugarla, necesitó invadir Italia nada menos que seis veces. Lo hizo con el pretexto de salvar a las ciudades que habían permanecido fieles al imperio de los invasores milaneses. En 1162, capturó Milán y destruyó la ciudad. En su camino quedó la ciudad de Crema, que era aliada de los milaneses, y también fue destruida. Barbarroja fue tan brutal durante sus invasiones en Italia que, para defenderse, dieciséis ciudades formaron una alianza llamada Liga Lombarda. En 1176, durante la batalla de Legnano (cerca de Milán), la Liga obtuvo una importante victoria contra el emperador. Pero no se firmó un tratado hasta 1183, cuando Barbarroja aceptó finalmente que los municipios tuvieran derecho a elegir a sus propios dirigentes y a administrar los territorios bajo sus leyes. Barbarroja murió ahogado en un río cuando se dirigía a la tercera cruzada siete años después. Su nieto, Federico II (r. 1220-1250), intentó repetir los esfuerzos de Barbarroja en Italia, pero tampoco tuvo éxito.

Durante el conflicto de los comuneros y Barbarroja, el papado estuvo, sorprendentemente, del lado de la Liga Lombarda. El papa incluso pidió a los príncipes de Alemania y Francia que abandonaran a su emperador y se unieran a la causa santa. El conflicto surgió cuando Barbarroja se negó a apoyar a Alejandro III como papa y en su lugar dio su apoyo al antipapa Víctor IV. En ese momento, Italia no solo estaba en conflicto con el emperador Barbarroja. Había conflictos entre las propias comunas, que surgieron cuando algunas apoyaban al papa mientras otras creían en el poder imperial. Los partidarios del papa eran conocidos como güelfos, y sus oponentes, los partidarios del imperio, eran gibelinos. Pero en realidad, la lucha entre güelfos y gibelinos estaba motivada más por factores locales que por sus lealtades al emperador o al papa.

Los normandos en Sicilia

Mientras que el periodo medieval en el norte de Italia fue testigo del auge del Sacro Imperio Romano Germánico y del enfrentamiento entre sus emperadores y los papas, el sur vivía algo completamente diferente. De hecho, durante la Edad Media, había dos Italias. En el norte, los pueblos y las ciudades prosperaban bajo el dominio imperial y, más tarde, durante las comunas individuales, que siempre estaban en contacto con el resto de Europa a través de los pasos de los Alpes. En el sur, los bizantinos, griegos y árabes dependían del mar Mediterráneo y de su comercio con tierras lejanas. Italia estaba dividida, y las dos mitades de la misma península parecían dos mundos diferentes. Pero esto no significa que las dos mitades de Italia no estuvieran interesadas la una en la otra. En el sur, los conflictos entre el papa y el emperador aumentaban, especialmente cuando se trataba del estatus del Reino de Sicilia.

Desde finales del siglo X hasta bien entrado el siglo XII, los normandos conquistaron el sur de Italia. Al principio, los normandos llegaron a Italia como mercenarios, y fueron contratados por los gobernantes lombardos y bizantinos. Como las guerras eran caras, los gobernantes a menudo no tenían dinero para pagar al ejército contratado. En su lugar, les recompensaban con tierras dentro de sus dominios como premio a su servicio. Pero en solo cincuenta años después de su llegada inicial, los normandos poseían tantas tierras en el sur de Italia que las organizaron en feudos y pronto se unieron para exigir la independencia total de quienes los habían contratado en primer lugar. Pero a los normandos les costó tiempo y muchas batallas adquirir su independencia. Aunque se llame la conquista normanda de Italia, no hubo una batalla decisiva que les otorgara esta victoria. La conquista fue el resultado de décadas de dedicación, conflictos y persistencia. Incluso el papa León IX temía que los normandos se hicieran demasiado poderosos en el sur, y organizó un ejército para combatirlos. Sin embargo, este papa fue derrotado y capturado por Roberto Guiscard en 1053. Ambos llegaron a un acuerdo según el cual, si Roberto Guiscard reconocía la soberanía papal sobre el sur, se le otorgaría el título de "duque de Apulia y Calabria y futuro duque de Sicilia". El adjetivo "futuro" fue eliminado en 1061 cuando Roberto invadió Sicilia.

Roberto Guiscard pronto dirigió su atención a los territorios bizantinos, donde conquistó Bari en 1071, y luego derrotó a los árabes de Sicilia. En 1072, Palermo fue su posesión, y en 1090, la isla de Sicilia estaba derrotada. Su sobrino, Roger II, le sucedió y unió los territorios normandos de Sicilia y el sur de la península italiana, creando el Reino de Sicilia y la dinastía Hauteville. Es imprescindible entender que el nombre del reino, aunque se tomó prestado de la isla de Sicilia, también se aplicó a otros territorios gobernados por los normandos. El reino incluía el archipiélago maltés, Sicilia y el ducado de Apulia y Calabria. En 1146, Roger II amplió su reino para incluir territorios africanos al capturar la región que se conocía como Ifriqiya (partes de la actual Libia, Argelia y Túnez).

El primer rey de Sicilia comprendió muy bien que gobernaba sobre un pueblo muy diverso. Entre ellos había bizantinos, latinos, griegos, árabes, judíos y otras minorías del mundo mediterráneo. Por ello, se negó a participar en las cruzadas para poder mantener la paz entre sus súbditos. Roger II insistió en que todas las leyes y costumbres de sus súbditos debían ser respetadas por igual, y promovió la libertad religiosa en todo su reino. Bajo su mandato, el sur de Italia floreció y devolvió la prosperidad a la región. Sin embargo, al crear el Reino de Sicilia, también se creó enemigos entre los lombardos, el Sacro Imperio Romano Germánico, el Imperio bizantino y el papa. Ni siquiera el rey siciliano Federico II (r. 1198-1250), que se convirtió en emperador del Sacro Imperio Romano Germánico en 1220, consiguió resolver los diversos conflictos que tenía su reino.

Como Federico II era el emperador del Sacro Imperio Romano Germánico, reclamó su derecho sobre los municipios del valle del Po. Juró tener éxito donde incluso Barbarroja había fracasado y llevar el dominio imperial sobre las ciudades del norte de Italia. Debido a esta amenaza, la Liga Lombarda se reactivó, pero no logró defender sus posesiones. Federico II derrotó a la Liga en 1237 en la batalla de Cortenuova. Sin embargo, al exigir una rendición incondicional, creó aún más resentimiento hacia el gobierno imperial. Al año siguiente, fracasó en su intento de capturar Brescia, junto con Parma, en 1248. La Liga Lombarda nunca se rindió y, en 1250, el emperador Federico II murió sin cumplir su promesa.

En 1266, Carlos I de Anjou, hermano del rey francés, invadió Sicilia y mató a los últimos representantes de la dinastía Hauteville. Cuando Carlos trasladó la capital de Sicilia a Nápoles, se hizo muy impopular entre sus súbditos. Durante el levantamiento de 1282, conocido como las Vísperas sicilianas, Carlos fue expulsado de la isla, y el título de rey siciliano fue otorgado a Pedro III de Aragón (r. 1275-1285; r. Sicilia 1282-1285). Carlos fundó el Reino de Nápoles, que seguiría siendo una entidad política independiente hasta 1816, cuando los dos reinos se fusionarían y pasarían a ser conocidos como el "Reino de las Dos Sicilias". Pero el dominio aragonés de Sicilia supuso un declive constante, ya que la isla estaba ahora políticamente separada de Francia y del Sacro Imperio Romano Germánico. La dinastía española de Aragón gobernaría Sicilia durante siglos, y la isla quedó estrechamente ligada a la península ibérica. Pero el rey rara vez estaba allí; en su lugar, enviaba a sus virreyes para atender los asuntos sicilianos. Esta falta de atención directa condujo lentamente a la decadencia de Sicilia.

La República de Venecia

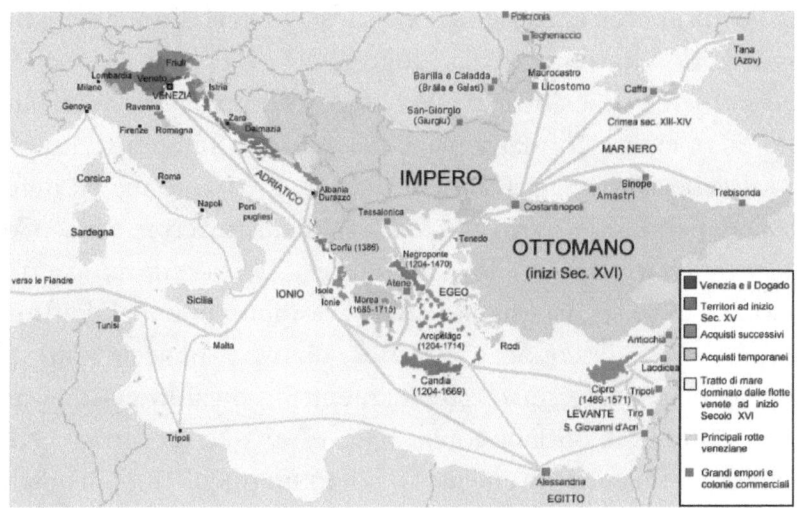

El expansionismo veneciano durante los siglos XV y XVI en contraste con el Imperio otomano

https://upload.wikimedia.org/wikipedia/commons/0/09/Repubblica_di_Venezia.png

El noreste de Italia fue un caso especial desde el siglo V, cuando se produjo la invasión bárbara de la península. Mientras se retiraban de los atacantes vándalos, los habitantes de estas regiones comenzaron a crear comunidades en las lagunas del mar Adriático. Venecia se fundó ya en el año 421, pero aún no era una ciudad. Durante los siglos siguientes, llegó más gente, tratando de eludir la invasión lombarda. Estas lagunas no eran más que marismas, pequeños islotes y bancos de arena. Las primeras zonas habitadas fueron Torcello y Malamocco, en el Lido. Cuando la zona adoptó la forma de una ciudad, se fundó una capital en las islas de Rialto, que estaban elevadas de forma segura sobre el agua. Se trataba de un santuario seguro, pero al ser un pantano, era también un reto. La construcción de edificios para viviendas requería una atención arquitectónica especial. Se clavaban largas estacas de madera en el barro sobre las que se construía una plataforma de arcilla y tablones de madera. Sobre estas plataformas se podían construir casas de forma segura. Los venecianos no escatimaban en material. Las casas y los edificios públicos se construían de ladrillo, piedra e incluso mármol.

En los primeros años de su existencia, Venecia formaba parte del Exarcado de Rávena, y su gobernante local se llamaba *dux* (posteriormente transformado en dogo, equivalente a un duque). Como tal, Venecia formaba parte del Imperio bizantino. En el año 726, los venecianos eligieron a su primer dogo, que fue su defensor de la independencia, pero sus esfuerzos no tuvieron éxito. Con la caída del Exarcado de Rávena en el 751, Venecia ganó más autonomía, pero seguía estando bajo el dominio nominal del Imperio bizantino. Se desconoce cuándo obtuvo Venecia su plena independencia, pero estuvo estrechamente ligada al Imperio bizantino hasta la caída de Constantinopla. Parece ser que en el siglo XII los bizantinos ya veían a los venecianos como un pueblo independiente, a pesar de que ayudaban a defender las posesiones bizantinas en el sur de Italia. Constantinopla llegó a promulgar un nuevo edicto en el que los venecianos quedaban exentos de impuestos sobre el comercio en todo el Imperio bizantino. Seguramente este edicto no habría sido necesario si Venecia siguiera bajo dominio bizantino. La constitución de Venecia evolucionó entre 1140 y 1160. Diversas instituciones arrebataron el poder a los dugos y, poco a poco, la ciudad se fue convirtiendo en una república oligárquica. En 1203, los venecianos llegaron a conspirar y persuadir a los cruzados para que atacaran Constantinopla. Con el tiempo, se apoderaron cada vez más de los territorios bizantinos, pero también mantuvieron una relación profesional con sus anteriores gobernantes. Incluso enviaron ayuda a Constantinopla en 1453, cuando la ciudad cayó finalmente en manos del dominio otomano, lo que marcó el fin del Imperio bizantino.

Venecia prosperó gracias al comercio y la navegación. No solo comerciaba con el Sacro Imperio Romano y el bizantino, sino que extendió su red por todo el mundo mediterráneo y más allá, adentrándose después en Asia y en la Ruta de la Seda. Su riqueza acumulada permitió a los venecianos mantenerse independientes comprando diversas alianzas siempre que fuera necesario. Pagaron para evitar que Venecia pasara a formar parte del Reino de Italia. También financiaron la lucha de la Liga Lombarda contra Barbarroja, preservando así su autonomía. Sin embargo, muchos de sus vecinos estaban celosos de su prosperidad, por lo que la república tuvo su cuota de enemigos. Árabes, eslavos, normandos y otomanos querían las riquezas de Venecia, o al menos incluirla en sus crecientes imperios. Sin embargo, sus enemigos iban y venían, pero hubo uno que perduró: Génova. Esta ciudad era enemiga comercial de Venecia, y se enfrentaron por el dominio del comercio. Las guerras entre las dos ciudades italianas duraron desde 1256 hasta 1381, con resultados inconclusos. Ambas ciudades sufrieron económicamente, y mientras Venecia pudo recuperar su riqueza anterior, Génova no tuvo más remedio que aceptar el dominio francés para pagar sus deudas de guerra. Génova no estaba en condiciones de continuar su lucha con Venecia por el dominio comercial en el Mediterráneo.

Tras la cuarta cruzada y el saqueo de Constantinopla, Venecia se convirtió en una potencia colonial en el mundo mediterráneo. Ya controlaba las costas de Dalmacia y Croacia, pues necesitaba piedra y madera de estas zonas, pero en el siglo XIII extendió su dominio sobre Creta, Corfú, Morea (siglo XIV) y Chipre y Salónica (siglo XV). En 1500, Venecia se apoderó de Cefalonia. El expansionismo de los venecianos no estaba impulsado por su deseo de gobernar, sino por su necesidad de contar con refugios seguros para sus barcos comerciales. A principios del siglo XII, los venecianos incluso abrieron el mar Negro a sus comerciantes. Venecia era un mundo de barcos, marineros, comerciantes, estibadores, aduaneros y constructores navales. Nunca cultivaron plantaciones, y los únicos productos propios que exportaban estaban estrechamente relacionados con la construcción naval. Exportaban madera refinada, cuerdas, velas, etc. Pero como tenían una gran afluencia de materias primas, como mármol, metales preciosos y gemas, seda y plumas de pavo real, Venecia se convirtió en una gran productora de artículos de lujo y decoración.

El comercio en Venecia no era una ocupación individual. Estaba fuertemente regulado y controlado por el gobierno. La ciudad organizaba convoyes para sus mercaderes y el gobierno construía los barcos. El astillero de Venecia, conocido como Arsenale (Arsenal), empleaba a más de 1.500 hombres durante el siglo XIII. Los trabajadores, *arsenalotti*, estaban bien pagados y disfrutaban de muchos beneficios, entre ellos recompensas en bienes materiales importados. En el siglo XVI, la ciudad desarrolló una enorme industria de la seda y el vidrio, que también estaba regulada por el gobierno. Esto y el comercio a través del mundo mediterráneo y hacia Asia hicieron de Venecia la república más rica del mundo cristiano. La ciudad ofrecía estabilidad política y libertad personal a sus ciudadanos y, a su vez, nunca hubo una revuelta o una conspiración contra el gobierno. Sin embargo, cuando un dugo loco intentó establecer una monarquía en el siglo XIV, fue rápidamente descubierto y ejecutado.

El sistema político de Venecia era complejo, e incluso los contemporáneos de otras ciudades italianas tenían problemas para entenderlo. Pero todos admitían que el sistema funcionaba. El poder no estaba concentrado en manos de un solo individuo. Estaba disperso entre varios consejos y comités, que eran elegidos mediante procedimientos muy complicados. El dugo era el jefe del Estado elegido, pero nunca gobernaba solo. Contaba con un consejo de seis personas cercanas a él (*Minor Consiglio*) y varios ministros (*collegio*), que tenían poderes ejecutivos. Eran completamente autónomos respecto al dugo, al igual que el Consejo de los Diez (*Consiglio dei Dieci*), responsable de la seguridad del Estado. Venecia también contaba con un senado, compuesto por unos 200 hombres.

Colaboraban con el poder legislativo del Estado. Debajo de ellos estaba el Gran Consejo (*Maggior Consiglio*), que contaba con más de 2.000 participantes, todos ellos de familias ricas y poderosas. Los miembros del Gran Consejo eran el principal órgano electivo, y emitían sus votos para elegir a un nuevo dugo, a los miembros del *Minor Consiglio* y a varios ministros.

Los dugos no eran reyes y su poder era muy limitado. Aunque vivían con profusión en el palacio o en una casa de su elección, los dugos tenían que sufrir algunos sacrificios. No podían comerciar ni aceptar regalos. Tampoco podían poseer propiedades fuera de la República de Venecia ni salir de sus fronteras sin el permiso de los consejos. Un dugo tampoco podía hablar con embajadores extranjeros por su cuenta ni abdicar. Si un dugo tenía un hijo, este no podía ocupar ningún cargo ni votar, y mucho menos soñar con suceder a su padre. Los hijos tampoco podían casarse con una extranjera sin la consideración y el permiso de ambos consejos. Dado que un dugo era elegido de por vida, o mientras el pueblo lo considerara apto para el cargo, a menudo eran ya ancianos que transferían su oficio a la línea familiar.

La vida en Venecia era diferente a la del resto de Italia, Europa y el mundo entero. Allí, cada uno se conformaba con desempeñar su papel. Existían diferencias de clase, pero la ley era la misma para los nobles y los pescadores. Las familias ricas no tenían sus propias reglas por las que se les juzgaba, ni podían sobornar a los funcionarios. Los venecianos creían en el bien de la comunidad, y así actuaban. A todos se les permitía comerciar y reunir sus fortunas bajo la atenta mirada del Estado.

Los nobles solían ser objeto de burla en Europa porque no poseían fincas ni disfrutaban de la caza en los bosques, ya que la República de Venecia no podía ofrecerles tales lujos. Ni siquiera tenían títulos, y solo utilizaban las iniciales NH y ND delante de sus nombres, que los designaban como *Nobil Homo* y *Nobil Donna* (Noble Hombre y Noble Dama). Estaban obligados a servir al público, e incluso se identificaban con el Estado. Los miembros de las familias nobles nunca trabajaron como individuos para adquirir riqueza personal. Eran un cuerpo administrativo de todo el Estado, y la riqueza personal solo llegaba como recompensa por su servicio. El culto al individuo era tan débil que en Venecia ni siquiera existen estatuas de nobles que conmemoren sus esfuerzos.

Capítulo 7 - El Renacimiento en Italia

El primer Renacimiento de Italia comenzó con las ciudades-estado o las comunas. No había más invasiones extranjeras, pero eso no significa que no se produjeran conflictos. La rivalidad entre las comunas era una realidad, pero también lo era la rivalidad entre las diferentes facciones dentro de las ciudades. No hubo unidad en Italia durante el periodo tardomedieval, y tampoco la hubo durante el inicio del Renacimiento. Esta falta de unidad y de identidad nacional creó el terreno perfecto para las disputas y los conflictos. Pero probablemente fue la individualidad que experimentó cada ciudad lo que influyó en gran medida en su acumulación de riqueza, esplendor, libertad artística y belleza. La rivalidad entre las comunidades las llevó a desarrollarse de forma independiente, y lo que queda como testigo permanente del Renacimiento es la identidad artística de cada ciudad italiana. La constante competencia en las artes y la ciencia entre las ciudades nos dio algunas de las más grandes mentes del Renacimiento. En lugar de inspirar un conflicto armado, la competencia fue a veces saludable, y dio lugar a diversas alianzas, como la renovada Liga Lombarda.

Pero como los municipios no tenían un gobernante común, y mucho menos administración y burocracia, se veían obligados a expandirse a costa de sus vecinos más débiles. Una vez que la población de una ciudad crecía, había una necesidad constante de nuevos territorios agrícolas para mantener a toda la gente. En la Toscana, Florencia se convirtió en la potencia dominante y, durante el siglo XIV, absorbió a sus vecinas Prato, Arezzo, Pisa y Siena. Otras grandes ciudades tan poderosas como Florencia fueron Venecia y Milán. Estas dos ciudades controlaban la mayor parte del norte de Italia. Los conflictos entre las ciudades continuaron hasta 1454, cuando la Paz de Lodi estableció la *Lega Italica* (Liga Italiana). Los miembros de esta nueva liga se comprometieron a defenderse mutuamente en caso de necesidad. Las ciudades que firmaron fueron Milán, Florencia y Venecia, pero pronto se les unieron Nápoles y los Estados Pontificios.

Comenzó la era de la paz y la prosperidad, y empezaron a surgir individuos como Leon Battista Alberti (1404-1472). Alberti era el típico "hombre del Renacimiento", un individuo con múltiples intereses a los que podía dedicarse a nivel profesional. Fue sacerdote, estudioso de la literatura clásica, poeta, filósofo, comediante y arquitecto. Compuso la primera gramática de la lengua italiana y el primer libro de geografía de Europa desde la época clásica. Su obra más conocida es un estudio de arquitectura en diez volúmenes. También fue arquitecto, y construyó las hermosas iglesias de Sant'Andrea en Mantua y Santa Maria Novella en Florencia. Alberti fue solo uno de estos individuos, ya que el Renacimiento es conocido por producir muchos hombres de este tipo, como Leonardo da Vinci, Miguel Ángel y Galileo Galilei.

Otro movimiento se produjo durante este periodo de Italia, y a menudo va de la mano del Renacimiento. El humanismo, o el estudio de la antigüedad clásica, revivió el interés por la ciencia. Incluso los papas se convirtieron en mecenas de las artes y las ciencias, siempre que glorificaran la religión. Los individuos que se inspiraron para pensar más allá de la religión y del mundo conocido fueron, a veces, arrestados y castigados por sus teorías. Uno de estos individuos fue Galileo Galilei, que propuso que la tierra no es el centro del universo y que se mueve alrededor del sol, no al revés, que era como insistían las enseñanzas de la Iglesia. La Iglesia controlaba estrictamente los descubrimientos científicos que se publicaban, y muchos científicos fueron víctimas de la Inquisición.

Muchos personajes célebres del Renacimiento, ya fueran científicos, artistas, filósofos, historiadores, etc., también sirvieron al público aceptando diversos cargos en oficinas gubernamentales. Sentían la necesidad de cambiar el sistema político con sus ideas humanistas. Eran administradores además de eruditos, y modelaron sus ideales políticos según el ejemplo de la antigua República romana. Coluccio Salutati era canciller de Florencia, pero también era un bibliófilo con una inmensa colección de textos clásicos. Fue el primero en traer a un erudito griego de Constantinopla para que enseñara en Roma. Desde la caída del Imperio romano de Occidente no había habido eruditos griegos en Italia. Otro canciller de Florencia fue Leonardo Bruni, que era historiador. Lorenzo Valla, filósofo, historiador y humanista, era el secretario del rey de Nápoles.

Los humanistas revivieron el amor italiano por la libertad. Admiraban a los antiguos romanos, pero encontraban inspiración en individuos como Cicerón o Virgilio. No admiraban a César, ni a Augusto, ni a ninguno de los dictadores romanos clásicos. Era como si la nación aún recordara su falta de voluntad de ser gobernada por un individuo. Su aprecio por la antigüedad clásica llegaba hasta el punto de que los florentinos reclamaban la descendencia del propio Rómulo, y se consideraban el verdadero pueblo romano. Pero su encaprichamiento con la República romana provocó algunos acontecimientos desafortunados. Muchos asesinos se consideraban luchadores por la libertad, como Bruto. Algunos de los miembros de la rica y famosa familia Médici fueron asesinados innecesariamente. Mientras que Venecia era una república renacentista más exitosa,

Florencia albergaba a intelectuales y artistas. Sus pintores también eran innovadores, y sus científicos estaban al servicio del público. La mayor cúpula de ladrillo del mundo fue construida por Filippo Brunelleschi, arquitecto, artista y primer ingeniero moderno. Todavía cubre la Santa María del Fiore (también conocida como la Catedral de Florencia), y desde el comienzo de su construcción en el siglo XV, nadie en el mundo consiguió construir una cúpula de ladrillo más grande o más grandiosa.

A pesar de ser una república, Florencia fue víctima de conflictos entre facciones. Venecia era la única ciudad italiana que se libraba de estos problemas. En Florencia, las familias poderosas se disputaban constantemente, poniendo en peligro la existencia de la república. En 1430, Florencia sucumbió finalmente ante los Médici, que se convirtieron en la familia gobernante. Los Médici eran una familia florentina que se enriqueció gracias a la banca. Cosme de Médici utilizó su riqueza para sobornar a los votantes y, en 1434, se convirtió en el gobernante efectivo de Florencia. Pero la ciudad era una república, y Cosme solo era el primero entre iguales, no un rey. Por tanto, el consejo municipal siempre podía vetar sus propuestas políticas.

Durante el Renacimiento, las ciudades-estado se enfrentaban a menudo entre sí. Milán atacaba continuamente a Florencia, obligando a la ciudad a gastar sus recursos en defensa. Por otro lado, Florencia atacaba a otras ciudades de la Toscana y a menudo se humillaba con su incapacidad militar. La familia gobernante de los Médici llegó a emplear a famosos inventores e ingenieros humanistas para ayudar en el esfuerzo bélico, pero incluso Leonardo da Vinci fracasó. Pretendía desviar el caudal del río Arno para dejar a Pisa sin su suministro de agua, pero sus errores de cálculo le llevaron al fracaso cuando la primera tormenta derribó su presa. Por suerte, los florentinos eran conscientes de su falta de ingenio militar y empezaron a pagar a mercenarios. La Iglesia achacó la incapacidad de Florencia para defenderse a la baja tasa de natalidad, resultado del aumento de la sodomía en la ciudad (según los funcionarios eclesiásticos). Incluso Nicolás Maquiavelo, famoso filósofo del Renacimiento y alto funcionario, fue acusado de sodomía.

La familia Médici tenía conexiones en todo el mundo conocido. Pero su interés se centraba sobre todo en Europa, y produjeron dos reinas de Francia: Catalina y María de Médici. Los miembros de la familia Médici llegaron a ser papas en Roma, así como cardenales, arzobispos, diplomáticos prominentes, mecenas de las artes y funcionarios de la república. En 1527, los Médici fueron exiliados de Florencia por sus esfuerzos para establecer una monarquía. En 1531, con la ayuda del emperador del Sacro Imperio Romano Germánico, Carlos V, volvieron a apoderarse de la ciudad, y el papa Clemente VII (él mismo un Médici) nombró a su primo, Alejandro de Médici, "Duque de la República Florentina". Este título se convirtió en hereditario, y los Médici gobernaron ahora como monarcas. Más tarde, se les concedió el título de "Gran Duque de Toscana", y la familia gobernó hasta 1737.

Italia tuvo muchas repúblicas durante el Renacimiento. Cada ciudad-estado tenía su propio gobierno, así como monarcas potenciales y familias poderosas que aspiraban a gobernar. Algunas repúblicas llegaron a sobrevivir hasta el siglo XVII, pero luego fueron absorbidas por sus vecinos más poderosos o simplemente se extinguieron, pasando a ser gobernadas por la monarquía. En el siglo XVI, Perugia y Bolonia pasaron a formar parte de los Estados Pontificios. Milán osciló entre la república y la monarquía hasta que su pueblo se hartó y se decantó por un gobierno señorial, dirigido por un déspota conocido como *signore*.

A finales del siglo XVI, las repúblicas italianas dieron paso al gobierno monárquico. Se produjo el ascenso de varios príncipes y sus cortes, y volvieron los valores aristocráticos y la fastuosidad. Los gobernantes ahora elegían a sus funcionarios en lugar de dejar que lo hicieran los órganos electorales. Los gobernantes asumieron el papel de mecenas, y este papel se extendió a la Iglesia y al papa en cierta medida. Se acabaron los días en que toda la comuna invertía en un palacio y otros edificios oficiales. Los artistas preferían ahora trabajar en las cortes, y los artesanos y su grupo de trabajadores eran estrictamente empleados de los particulares y no del gobierno. Este mecenazgo individual permitió el florecimiento de las artes, y algunos de los mejores pintores italianos del Renacimiento fueron fruto de esta época. Rafael, Miguel Ángel, Tiziano y Leonardo da Vinci fueron solo algunos de los que disfrutaron de las riquezas de varias cortes italianas. No era raro que un artista se trasladara allí donde su trabajo le llevara. Parece que solo los artistas venecianos, como Tintoretto y Giovanni Bellini, permanecieron en su república.

El Renacimiento no se limitó solo a las ciudades toscanas de Florencia y Milán, ni fue exclusivo de Venecia. Los Estados Pontificios y el norte de Italia también fueron grandes consumidores del Renacimiento. En un momento dado, el papa en Roma intentó llevarse a los numerosos humanistas y artistas de Florencia invitándolos a estar a su servicio personal. Sin embargo, había una enorme diferencia cultural entre el centro/norte de Italia y el sur. En el sur, Alfonso V de Aragón se convirtió en rey de Nápoles y Sicilia en 1442. Trasladó su corte de España a Nápoles y adoptó algunas de las influencias renacentistas de sus vecinos del norte. Sin embargo, también trajo la influencia gótica española, y las dos formas de arte se mezclaron. Este estilo duró poco, ya que el reino volvió a dividirse tras su muerte en 1458. Nápoles estaba ahora bajo el cruel e incompetente gobierno de Fernando I, que descuidó la herencia cultural de la ciudad.

Fuera de Nápoles, el sur de Italia apenas vio la influencia del Renacimiento. Como las ciudades del sur carecían de independencia y de pequeñas cortes que fueran mecenas de las artes, nunca consiguieron desarrollarse económica ni culturalmente. En Puglia, la ciudad de Lecce sigue ostentando el título de "Florencia del Sur", pero su despertar se produjo mucho más tarde, durante el periodo barroco (siglos XVI al XVIII). Parece que en el sur, incluso las ciudades que prosperaron nunca renovaron su interés por el periodo clásico, y el Renacimiento simplemente no se mantuvo. Además, muchas de las ciudades del sur de Italia son hoy más modernas debido a los recientes fenómenos naturales, que las dejaron devastadas a principios del siglo XX. Afortunadamente, el Barroco no las echó de menos, y hoy son algunas de las ciudades más bonitas de Europa.

La falta de Renacimiento en el sur también puede atribuirse a los constantes conflictos entre las dinastías gobernantes de Angevinos y Aragoneses y a las continuas disputas que los monarcas mantenían con sus barones. Sicilia nunca vio a sus gobernantes españoles, y los aristócratas gastaban su dinero en comprar títulos a los reyes e invertir en diversas fincas por toda la isla. Cuando llegó el siglo XVII, Sicilia tenía un centenar de pequeños principados, pero solo alrededor de un millón de habitantes. Palermo era grandiosa, pero el humanismo pasó de largo, por lo que nunca albergó a intelectuales.

A principios del Renacimiento, Roma estaba en ruinas. El papa se trasladó a Aviñón en el siglo XIII y abandonó la ciudad a su suerte. La Roma de la época medieval quedó en el olvido y su gloriosa herencia clásica se convirtió en polvo. Incluso cuando el papa regresó a Roma en 1377, lo que siguió fue el Cisma de Occidente y la constante rivalidad entre varios papas y antipapas. No fue hasta el papa Martín V (1417-1431) que pudo comenzar la reconstrucción de Roma. En solo un siglo de incansable trabajo de varios papas, artistas y artesanos, Roma se convirtió en una ciudad de palacios, fuentes, acueductos reformados, calles pavimentadas y muchas iglesias nuevas. Pero los papas del Renacimiento eran también miembros de las familias ricas y poderosas de Italia. Se ocupaban menos de la religión y más de la política y la rivalidad de la clase dirigente. En esa época, los papas se parecían más a los príncipes del Renacimiento que a los líderes religiosos. La corrupción y la opulencia se apoderaron de la residencia papal, y algunos de ellos eran incluso famosos por disfrutar de los placeres terrenales. Hasta finales del siglo XVII, el nepotismo era algo habitual en Roma, ya que cada papa se aseguraba de que su propia familia tuviera éxito en importantes cargos cardenalicios y papales.

La contrarreforma y las guerras de religión

La vida decadente de los papas en Roma condujo a la Reforma en el siglo XVI, que comenzó con las exigencias de Martín Lutero, un teólogo alemán. Observó cómo el desinterés de los papas del Renacimiento condujo a una práctica común de los sacerdotes católicos para acumular riquezas personales vendiendo indulgencias plenarias a quien quisiera comprarlas. El resultado final de la Reforma fue el surgimiento del protestantismo, que se oponía al modo de vida católico, lleno de placeres, riqueza y pecados. El mundo cristiano occidental se encontró dividido entre el catolicismo y el protestantismo, y lo que siguió fue una serie de guerras de base religiosa en toda Europa. Aunque se basaban en la religión, en realidad se trataba de qué facción se alzaría como la dominante. ¿Quién gobernaría el mundo occidental, los católicos o los protestantes? Un periodo tan turbulento en Europa dejó su huella también en Italia. Al fin y al cabo, era (y sigue siendo) donde residía el papa y donde se originó el conflicto en primer lugar.

En 1545 se formó el Concilio de Trento, cuya tarea era contrarrestar la Reforma y restaurar el orden dentro de la Iglesia católica. El concilio debía prohibir el nepotismo, impedir la corrupción y ocuparse del clero que seguía vendiendo indulgencias. Tenía muchos más asuntos que corregir, pero estos fueron los principales que ocuparon la mente del primer papa contrarreformista, Pablo III. Pero el Concilio de Trento no estaba dispuesto a complacer a los protestantes y sus demandas. En cambio, trató de persuadirlos de que los valores previamente establecidos del catolicismo eran los correctos. Los protestantes exigían que se retirara el arte de los lugares sagrados, ya que lo consideraban una distracción para el significado del texto. Querían que la gente pudiera interpretar las escrituras y sacar sus propias conclusiones. Pero los papas creían que el arte mejoraba y enriquecía la visión humana de lo divino.

Este constante desacuerdo de católicos y protestantes llevó a la creación de dos corrientes no solo religiosas, sino políticas en Europa. Las guerras que se libraron a lo largo de gran parte de los siglos XVI, XVII y XVIII tenían que ver con el territorio y el poder tanto como con la religión. Esto puede verse fácilmente en las inusuales alianzas que se hicieron. Por ejemplo, la Francia católica se alió con los protestantes para luchar contra otro estado católico, la monarquía de los Habsburgo. Aunque Italia no estaba involucrada personalmente, sus gobernantes extranjeros lucharon contra el conflicto Habsburgo-Valonia por la supremacía en Europa. El Imperio de los Habsburgo se dividió entre España y Austria. España siguió gobernando los reinos de Nápoles y Sicilia en el sur, mientras que el norte y los territorios centrales de la península italiana pasaron a pertenecer a Austria. Sin embargo, el Ducado de Milán pertenecía tanto a España como al Sacro Imperio Romano Germánico. Esta situación se mantuvo hasta los nuevos conflictos de principios del siglo XVIII, cuando el último miembro de la dinastía española en el sur de Italia eligió a Felipe de Anjou como sucesor. Comenzó entonces la guerra de sucesión española, aunque el rey Carlos II de España, sin hijos, eligió a su heredero. Estas guerras influirían mucho en Italia, ya que los ejércitos de los reyes austriacos y franceses ocuparon Sicilia. Al final de la guerra, en 1713, el pretendiente español al trono, Felipe V (Felipe de Anjou), fue confirmado, aunque se perdieron algunos de los territorios españoles en las colonias americanas.

Austria esperaba ganar Sicilia tras el Tratado de Utrecht, que fue uno de los tratados que concluyeron la guerra, pero llegó un nuevo reclamante: Víctor Amadeo II, duque de Saboya. Así, Sicilia volvió a ser una posesión franco-italiana, y Víctor fue coronado como rey de Sicilia. Pero las familias aristocráticas de Sicilia se negaron a aceptar los cambios administrativos y militares que Víctor intentó aplicar. En lugar de luchar contra los obstinados sicilianos, el nuevo rey decidió ceder la isla a Austria. Sin embargo, España vio la oportunidad de reclamar la isla de nuevo, e intentó invadirla en dos ocasiones distintas, en 1720 y 1734. La segunda tuvo éxito, y la dinastía borbónica siguió gobernando Sicilia hasta 1860.

Sicilia no fue la única que sufrió las consecuencias de las guerras religiosas europeas. Las familias gobernantes del norte, como los Médici y los Farnesio, se extinguieron en la década de 1730. Florencia y Parma fueron heredadas por los miembros femeninos de la familia, que luego pasaron a sus hijos extranjeros. Don Carlos, hijo de la reina Farnesio de España, se convirtió en el siguiente gran duque de Toscana. Pero no se conformó con tener solo la Toscana, y mientras Europa estaba distraída por la guerra de sucesión polaca, reclamó la corona de Nápoles y Sicilia. Pronto se convirtió en el rey de España, donde era conocido como Carlos III. Gobernó hasta su muerte en 1788. La larga cadena de guerras de sucesión en Europa llegaba por fin a su final con el Tratado de Aquisgrán en 1748. Sin embargo, Italia seguía sometida a dinastías extranjeras: los Borbones en Parma y el sur y los Habsburgo en Milán y Toscana.

La Ilustración de los filósofos franceses llegó por fin a Italia, y el pueblo aprendió que debía exigir a su monarca que fuera justo, sabio y que trabajara en beneficio de sus territorios en vez de en beneficio personal. Los reyes y las reinas aceptaron este nuevo papel de "déspotas ilustrados" y comenzaron a invertir en la agricultura, la religión, la educación y el comercio del país. Así, Italia entró en la historia moderna como uno de los territorios ilustrados de Europa. Estaba gobernada por extranjeros, pero seguía siendo muy italiana en su esencia. Los súbditos de estos nuevos gobernantes seguían siendo los lombardos, los latinos, los árabes, los griegos y los judíos, es decir, Italia era tan diversa como siempre.

Capítulo 8 - La historia moderna de Italia

La Italia napoleónica y la unificación de Italia

En Francia, en 1793, nació la idea de que las fronteras del país debían seguir sus límites naturales, como el Rin, los Pirineos y los Alpes. Esto significaría confiscar algunos de los territorios de sus vecinos, como los Países Bajos austriacos. El Rin era la frontera más complicada de adquirir, ya que allí comenzaba el corazón del Imperio austriaco. Después de todo, Austria era el enemigo más poderoso de Francia en Europa. En 1796, se decidió que Napoleón Bonaparte (1769-1821) dirigiera los ejércitos franceses en la guerra contra la alianza entre austriacos y piamonteses, que en ese momento ocupaban Milán en Italia. Si Francia lograba arrebatar estos territorios italianos a Austria, podría utilizarlos posteriormente como moneda de cambio para desplazar su frontera hacia el Rin.

Napoleón tenía solo veintiséis años cuando, con plena confianza, dirigió su ejército a través de los Alpes. En varias batallas, como las de Lodi, Castiglione, Arcola y Rivoli, aplastó al ejército austriaco, haciéndolo en un par de meses. Bonaparte ofreció una alianza a Venecia, pero la república quiso permanecer neutral. Esto enfureció al general francés, y declaró la guerra a Venecia. Cumplió su promesa, y en el Tratado de Campo Formio de 1797, la República de Venecia quedó dividida. Napoleón entregó Venecia oriental a Austria, mientras que las partes occidentales se incorporaron a Lombardía, que a su vez pasó a formar parte de la República francesa y del Reino de Italia, todos ellos bajo el dominio del gobierno francés.

Pero con este moderno dominio francés llegaron nuevos impuestos opresivos para los italianos. Los franceses crearon leyes por las que podían cobrar impuestos a los extranjeros por la liberación realizada por las tropas francesas. También se les permitió confiscar cualquier pieza de arte que consideraran valiosa, y los extranjeros no tenían derecho a rebelarse. El gobierno francés no comprendió que esto les haría impopulares ante el pueblo. Creían firmemente en su propaganda, e incluso imprimieron periódicos en los que comunicaban a los italianos que debían agradecer su libertad, pagar por ella y aprender a conservarla. Pero la libertad tuvo un alto precio, incluso antes de que se aplicaran los impuestos. Solo en el primer día de la "liberación", Milán fue saqueada por el ejército francés, y el valor estimado de lo sustraído superó los veinte millones de francos. En las ciudades italianas se produjeron dos tipos de saqueos. El primero se producía el día de la batalla, en el que los soldados confiscaban lo que querían del enemigo o del pueblo que supuestamente estaban liberando. El otro tipo de saqueo era oficial y legal. El ejército capturaba el banco y la munición de la ciudad, y luego exigía comida y ropa para sus soldados. Los funcionarios del gobierno venían directamente desde París para recoger el dinero y el arte capturados. La mayoría de las valiosas piezas de arte italianas siguen en los museos franceses hasta hoy en día. Los Caballos de San Marcos y el León de San Marcos veneciano solían estar en Francia, pero afortunadamente, ambos tesoros venecianos fueron devueltos en 1815.

Tras comprobar el éxito de Bonaparte en la captura de todos estos territorios, Francia renunció a la idea de las fronteras naturales y promovió una nueva idea: las repúblicas hermanas. Una vez que Francia se convirtió en un imperio, estas repúblicas hermanas se convirtieron en estados satélites. Napoleón pasó dieciocho meses en Italia antes de cansarse de ella y decidió buscar una lucha con Inglaterra por algún otro territorio. En ese momento, franceses e ingleses se disputaban las colonias de ultramar. Bonaparte se marchó a Egipto, dejando Italia al cuidado del Directorio francés (el órgano de gobierno de la Primera República francesa). El Directorio fue muy agresivo y continuó con los esfuerzos militares en Italia. Expulsaron al duque Fernando IV de Nápoles y al duque Fernando III del ducado de Toscana. En 1799, Francia había conquistado toda la península italiana. Pero los enemigos de Francia no tardaron en llegar a Italia, y Nápoles fue tomada por los británicos, mientras que el norte se debatía entre los austriacos y los rusos. El Directorio francés consiguió perder todas sus posesiones italianas en pocos meses. La única ciudad que seguía bajo su control era Génova.

Cuando Bonaparte regresó de Egipto en 1799, estaba decidido a derrocar al Directorio y convertirse en el primer cónsul de Francia. Una vez conseguido esto, envió al general André Masséna a Italia con la tarea de defender Génova de los austriacos. Pero Napoleón no se quedó a descansar en París. Organizó un nuevo ejército, que condujo a través de los Alpes, con la intención de recuperar Lombardía. La batalla decisiva se libró en 1800 en la localidad de Marengo, en el Piamonte. Los franceses estuvieron a punto de perder la batalla contra los austriacos, pero los refuerzos franceses llegaron justo a tiempo para salvar la situación. Esta batalla fue crucial para Napoleón, no solo para tomar Italia, sino también para su carrera. Si hubiera perdido la batalla de Marengo, habría perdido su consulado y habría regresado a París deshonrado. La Toscana pasó a llamarse Reino de Etruria, y fue entregada a Fernando, duque borbónico de Parma, ya que Napoleón planeaba anexionar el ducado de Parma. Más al norte, anexionó Piamonte e instauró la República italiana bajo la gobernación francesa, con él mismo como primer presidente. La República italiana incluía también Novara, Verona y la Romaña papal.

Muy pronto, Napoleón Bonaparte se proclamó emperador. Se creía capaz de gobernar como Carlomagno y quería convertir a Francia en el corazón y el alma del recién instalado Sacro Imperio Romano. Napoleón fue coronado en 1804 por el papa Pío VII en Notre-Dame de París. El papado se alegró de que un imperio volviera a tener el control, y Napoleón prometió al papa Pío que sería el soberano de Roma. Sin embargo, se aseguró de que el papa entendiera que él, Napoleón, era su emperador. En 1805, Bonaparte estableció el Reino de Italia y tomó su corona. Este reino incluía los territorios de la anterior República italiana, Venecia Oriental, las Marcas Pontificias (los Estados Pontificios bajo gobernantes locales que respondían al papa) y el Trentino. El extremo norte de Italia se anexionó a Francia. Pero Napoleón no estaba satisfecho y pronto añadió al reino Liguria, Etruria, Parma y Piacenza. Finalmente, tomó el resto de los Estados Pontificios cuando el papa Pío VII fue encarcelado en Francia, y siguió siendo parte de Francia hasta el colapso del Imperio Francés.

Cuando Napoleón tomó Nápoles en 1805, instaló a su hermano José como rey. Sin embargo, José fue destituido después de solo dos años, ya que necesitaba tomar el gobierno de España. Nápoles fue entonces entregada al mariscal Joaquín Murat, cuñado de Napoleón. En 1810, toda la península italiana estaba gobernada por Napoleón, y la dividió en tres bloques: imperial, italiano y napolitano. Sicilia y las islas circundantes estaban en manos de los británicos, y este era el único territorio italiano al que Napoleón no tenía acceso.

Aunque Italia formaba parte del Imperio francés, no se beneficiaba de él. Napoleón utilizó a Italia como fuente de ingresos fiscales y siguió confiscando su arte. Como Francia estaba en guerra con todas las grandes fuerzas europeas —austríacos, británicos y rusos—, el comercio exterior de Italia se detuvo. Los constantes conflictos de las guerras napoleónicas también diezmaron a los habitantes de la península, y la pérdida de vidas no solo provino de las guerras. Las personas que se opusieron al dominio francés sobre Italia fueron ejecutadas, sin importar si eran hombres o mujeres. Sin embargo, el gobierno de Napoleón en Italia tuvo algunas cosas buenas. Las leyes se modificaron de tal manera que permitieron una mayor libertad religiosa, y muchas ciudades tuvieron que derribar los muros que confinaban a los judíos en guetos. Se introdujo el divorcio, así como un nuevo conjunto de leyes que regulaban la herencia. Se renovaron las antiguas carreteras y se construyeron otras nuevas. Las reformas fiscales e institucionales de Napoleón en Italia fueron los cimientos de su Estado moderno. Sin embargo, Napoleón fue odiado en Italia, ya que acabó con toda esperanza de independencia de la península. A través de su odio hacia él, el pueblo se unió sin darse cuenta de que, lenta, pero con seguridad, se estaba convirtiendo en una sola nación.

Cuando el imperio de Napoleón cayó en 1814, las potencias europeas se reunieron en Viena para reparar las fronteras que Francia había manipulado constantemente. Intentaron restaurar los estados italianos que habían existido en 1789, pero pronto se dieron cuenta de que esto era imposible, ya que podría provocar nuevos conflictos. Las tres regiones napoleónicas de Italia fueron reformadas en nueve estados (tenía once en 1789). Los italianos adquirieron un mayor amor por su país durante las guerras napoleónicas, y presionaron para conseguir la independencia o al menos algún nivel de autonomía, pero una vez más, se convirtieron en súbditos de Austria. La presencia de Austria en la península italiana debía servir de escudo contra el posible resurgimiento de una invasión francesa. El rey austriaco recibió también el recién fundado Reino de Lombardía-Venecia, mientras que su hermano Fernando III se hizo con el Gran Ducado de Toscana. María Luisa, su hija, recibió Parma, mientras que los Borbones recibieron Lucca. El papado recuperó sus Estados Pontificios, y los Habsburgo gobernaron Módena. Los Borbones volvieron a ser los reyes de Nápoles.

Italia volvió a estar bajo dominio extranjero, y el pueblo vio este periodo como la edad oscura de la península italiana. "Represión" y "reacción" eran palabras que se oían por doquier, ya que los gobernantes extranjeros de Italia eran considerados opresores. La restauración del poder temporal por parte del papa supuso sin duda una vuelta a la Edad Media, ya que se suprimieron las libertades religiosas traídas por los franceses. Los papas también desmantelaron todos los cambios industriales que los franceses habían traído a los Estados Pontificios, como el alumbrado público, los ferrocarriles y las vacunas, que, según ellos, eran obras del diablo.

Los italianos, aunque todavía no eran una nación unida, se avergonzaban de lo que había llegado a ser su península. El pueblo cayó en el letargo, ya que no veía ninguna salida al dominio opresivo de los extranjeros. No estaban acostumbrados a luchar y estaban deprimidos por la pobreza y el caos que les esperaba después de cada guerra. Su país fue despojado de su precioso arte, y los extranjeros a menudo se burlaban de los italianos como gente que no tenía nada de lo que enorgullecerse. La Roma clásica aún perduraba en la península en forma de ruinas, y aunque atraía a los visitantes, la propia Italia ya no tenía nada que ofrecer. Tras conocer su historia, las nuevas generaciones se avergonzaban de su herencia, de sus incompetentes antepasados que nunca lucharon por la libertad, que no hicieron nada para resistir las invasiones extranjeras. Durante este periodo surgió un nuevo tipo de artista, que buscaba héroes de los que sentirse orgulloso. Celebraron la derrota de Barbarroja ante la Liga Lombarda como un logro nacional. Algunos artistas, humillados por ser italianos, llegaron a inventarse sus propios héroes y atribuirlos a la península. Otros se inspiraron en escenas mitológicas, afirmando que eran verdaderos logros italianos. Una de ellas es una escena que tiene su origen en el siglo XVI, cuando trece caballeros italianos desafiaron a trece reyes franceses en un duelo, y ganaron. Pero en el siglo XVI no existía Italia, y el mito, aunque atractivo, sigue siendo una mentira.

Este sentimiento siempre presente de humillación por haber nacido en la península italiana y la necesidad de orgullo y de héroes del pasado empezaron a esparcir lentamente las semillas de la unidad nacional. Aunque cada parte de la península luchó por separado, los italianos finalmente obtuvieron cierta inspiración para luchar por su libertad. Al principio, la lucha fue a muy pequeña escala. El pueblo, inspirado por España, que acababa de introducir una constitución, exigió a sus gobernantes que aplicaran leyes que les protegieran. Pero los gobernantes austriacos eran despiadados, y preferían reprimir cualquier pequeño levantamiento antes que considerar un cambio en su gobierno. Cuando los ciudadanos del norte se dieron cuenta de que estaban bajo el mismo yugo opresor que la gente del sur, sus problemas compartidos los unieron, aunque estuvieran bajo diferentes gobernantes. Al principio, los jóvenes soñadores de una nación unida viajaban de norte a sur, inspirando al pueblo al grito de "¡Viva la Italia!". Pronto, este grito se convirtió en un grito de guerra cuando la revolución empezó a apoderarse de toda la península. Siguiendo las tendencias revolucionarias de Europa, Italia se levantó en 1848. El primer lugar en hacerlo fue Sicilia, y el pueblo consiguió derrocar a su gobernante Borbón. Sin embargo, esta libertad solo duró dieciséis meses.

Uno a uno, otros estados le siguieron, y se produjeron brotes revolucionarios en Toscana, Lombardía, Venecia y los Estados Pontificios. El papa Pío IX fue incluso expulsado de Roma, donde los patriotas de Italia, liderados por Giuseppe Garibaldi, fundaron la nueva República romana. Desgraciadamente, los franceses vieron la oportunidad de beneficiarse de Italia y se aliaron con el papa. En junio de 1849, el papa estaba de vuelta en Roma con el poder temporal en sus manos una vez más. En el resto de Italia, los austriacos se movilizaron para restaurar el orden y reinstalar a los gobernantes que habían sido expulsados por los revolucionarios. La revolución había sido completamente aplastada un año después de su inicio. Pero el sueño de la unificación persistía.

Este sueño culminó diez años después, en 1859, con el inicio de la segunda guerra de la independencia italiana. Esta vez, el líder francés, Napoleón III, se erigió como aliado de Cerdeña, ya que estaba dispuesto a expulsar a los austriacos de la península italiana. Los franceses y los sardos expulsaron a los austriacos del sur y el centro de Italia. El ejército voluntario del norte, dirigido de nuevo por Giuseppe Garibaldi, salió victorioso en las batallas de San Fermo y Varese. Ese mismo año se firmó un tratado en el que Austria conservaba Venecia y Lombardía se anexionaba a Cerdeña.

El pueblo no estaba satisfecho con este resultado. La sabiduría de los líderes sardos quedó demostrada en su decisión de continuar la lucha, pero, esta vez, lo hicieron con la diplomacia y no con la guerra. El resultado fue la formación del Reino de Italia en 1861. Aunque parecía improbable otra guerra, el enfoque diplomático no funcionó para todas las partes incluidas: Italia, Francia y Austria. Se logró la paz, pero todos quedaron insatisfechos con sus resultados. En 1866 estalló la tercera guerra de la independencia italiana cuando el Reino de Italia vio la oportunidad de capturar Venecia aliándose con el nuevo enemigo de Austria: Prusia. El emperador austriaco Francisco José I no pudo dirigir la guerra en dos frentes y se vio obligado a ceder Venecia a Italia mediante un acuerdo con Napoleón III.

Roma seguía bajo la protección de Francia, y aunque Napoleón III se alió con el Reino de Italia en la lucha contra Austria, se negó a ceder Roma. Sin embargo, al estallar la guerra franco-prusiana en 1870, se vio obligado a retirar sus tropas de Italia, incluidas las que defendían la Ciudad Eterna. Esta era la oportunidad de Italia para capturar Roma y añadirla a su reino. Pero el papa Pío IX no estaba de acuerdo, y aunque solo tenía unos sesenta hombres defendiendo las murallas de la ciudad, montó una resistencia. El 2 de octubre, los soldados del Reino de Italia entraron en Roma y la anexionaron, junto con el Latium. El papa se encerró en el Vaticano y se negó a salir. Aunque nadie le impidió salir, se declaró prisionero del Vaticano en desafío a la unificación italiana.

Italia se unificó finalmente, pero surgieron problemas de gobierno. El principal problema era cómo gobernar los territorios del sur, que tenían sus representantes en el Piamonte, donde se elegían los primeros administradores, burócratas y funcionarios del Estado. El sur era acusado a menudo de ser corrupto y bárbaro, y el Piamonte necesitaba evaluar la situación socioeconómica allí para concluir el modelo de gobierno por el que se regiría. La conclusión fue que, puesto que Italia era un reino gobernado por un parlamento, las regiones del sur tendrían que ser gobernadas por ese mismo parlamento, ya que eran demasiado bárbaras y poco fiables. El primer rey de la nueva Italia unificada fue Víctor Manuel II (r. 1861-1878), que antes era rey de Cerdeña. Hoy se le considera un héroe nacional, y hay muchas estatuas que lo representan por toda Italia. Eligió Turín como nueva capital de su reino, pero Roma tomaría ese título tras su conquista. Italia siguió siendo un reino hasta después de la Segunda Guerra Mundial, en 1946, cuando se convirtió en una república democrática.

Italia y las guerras mundiales

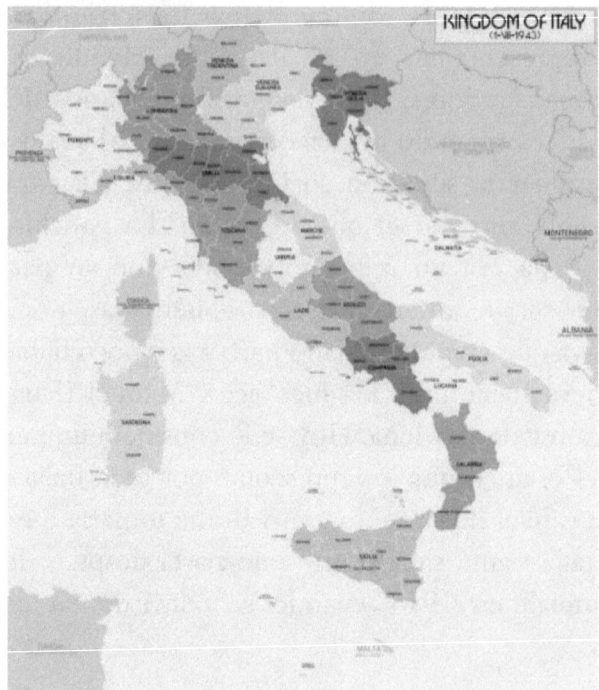

El Reino de Italia en su mayor extensión en 1943
https://en.wikipedia.org/wiki/File:Kingdom_of_Italy_1943.png

La tercera generación tras la unificación de Italia tenía muchas razones para detestar a su rey. El rey Víctor Manuel III, nieto de Víctor Manuel II y homónimo suyo, tomó una serie de decisiones entre 1915 y 1946 que resultaron fatales para su país y, al final, para su propio gobierno. Se unió a las dos guerras mundiales, a pesar de que su pueblo quería permanecer neutral, y en 1922 se negó a declarar la ley marcial, que habría impedido la llegada al poder de Benito Mussolini. Finalmente, en 1940, se negó a abdicar en favor de su hijo y empujó al pueblo italiano a votar por la república.

Cuando comenzó la Primera Guerra Mundial en 1914, Italia formaba parte de la Triple Alianza con Alemania y Austria, lo que les aseguraba la defensa de cualquier otra potencia mundial que pudiera atacar. Italia entró en esta alianza por los posibles ataques franceses y, a su vez, prometió que ayudaría a Alemania contra posibles ataques futuros de Francia o Rusia. Pero Italia se encontraba en un dilema sobre qué bando elegir cuando estalló el conflicto tras el asesinato del archiduque Francisco Fernando, heredero del trono austrohúngaro. El pueblo italiano quería permanecer neutral y no inmiscuirse en lo que pronto se convertiría en la Primera Guerra Mundial. Al año siguiente, Austria ofreció a Italia algunos de sus territorios para que permaneciera neutral. Sin embargo, dos políticos italianos pensaron que ganarían aún más territorios si se unían a la guerra. Estos hombres eran Antonio Salandra, el primer ministro, y Sidney Sonnino, el ministro de Asuntos Exteriores. Sin embargo, estaban en minoría, y para empujar a Italia a la guerra, necesitaban la ayuda de su rey.

Juntos, negociaron con Gran Bretaña, Francia y Rusia y, en una reunión secreta, firmaron el Tratado de Londres, una alianza en la que Italia se comprometía a declarar la guerra a Austria y Alemania. A cambio, se prometió a Italia los territorios de Trieste y Trentino, Gorizia, Istria, Tirol del Sur, partes de Dalmacia y Albania, y algunas de las islas del Adriático. Cuando finalmente se declaró la guerra en 1916, los italianos creyeron que luchaban por las tierras irredentas de la península italiana. No fue hasta 1917 cuando se enteraron de los detalles del Tratado de Londres y supieron que estaban luchando por territorios extranjeros. El pueblo se horrorizó al saberlo, ya que no deseaba ser el conquistador. Se veían a sí mismos como libertadores y revolucionarios y querían seguir siéndolo. Se formó un fuerte partido que se oponía a la guerra, y que incluía a los nacionalistas, los socialistas y el papa. A pesar de que la oposición superaba con creces al partido favorable a la guerra, el pueblo italiano fue víctima de la maquinaria propagandística.

Al final, el rey Víctor Manuel III reconoció que Italia fue a la guerra a pesar de que la mayoría de su población y su parlamento se oponían a ella. Pero no importaba, ya que Italia ya estaba en guerra, y Benito Mussolini trabajó incansablemente para suprimir cualquier protesta antibélica que pudiera producirse. Mussolini era miembro del Partido Socialista Italiano, pero fue expulsado de él en 1914 por sus ideas favorables a la guerra, y fundó su propio partido político, el Partido Fascista Republicano. Se rumorea que fue financiado por los servicios secretos británicos y los franceses, ya que ambos querían que Italia interviniera en la guerra de su lado. Publicó su periódico *Il Popolo d'Italia* ("El pueblo de Italia"), en el que promovía sus ideas a favor de la guerra. Llegó a servir en la Primera Guerra Mundial en 1916, pero debido a las graves heridas que recibió en el frente de guerra, se le permitió regresar a Roma, donde comenzó su carrera política. A su regreso, fundó un nuevo partido político, el Partido Nacional Fascista. Entonces se supo que los británicos le pagaban 100 libras semanales por sus servicios para mantener el ambiente proguerra en Italia.

La Primera Guerra Mundial terminó en 1918, con grandes pérdidas en cada bando. Italia perdió un tercio de su población, pero afirmó que la Gran Guerra hizo a su pueblo más patriótico y más feliz de luchar por su país. Sin embargo, esto parece estar muy lejos de la verdad. Se encontraron pruebas escritas de testimonios de soldados que hablan de cómo intentaron evitar ir a la guerra. Comían cigarrillos para marearse, e incluso se ponían tabaco bajo el brazo para aislar el calor, lo que les hacía parecer enfermos con malaria. Muchos oficiales italianos declararon que los soldados que servían a sus órdenes se rendían con facilidad y que, en ocasiones, arrojaban gustosamente sus armas cuando se enfrentaban al enemigo. Los soldados del sur de Italia apenas podían entender a sus compatriotas del norte, y no había amor entre ellos. Los soldados italianos escupían la bandera nacionalista, ya que el gobierno les hacía luchar por países lejanos de los que ni siquiera habían oído hablar. Los antropólogos modernos recogieron las historias de varios aldeanos italianos que lucharon en las guerras mundiales, y el resultado fue sorprendente. Nadie quería luchar, y no se percibía un gran sentimiento de nacionalismo entre la gente, excepto entre los que ya eran miembros de la Asociación Nacionalista Italiana.

Aunque Italia estaba en el lado ganador de la guerra, no consiguió los territorios que le prometieron en el Tratado de Londres de 1915. Cuando Estados Unidos se unió a la guerra en 1917, insistió en que, tras la guerra, las nuevas fronteras debían ser trazadas por líneas nacionales reconocibles. Italia protestó y, al final, obtuvo todos los territorios prometidos excepto Dalmacia. Mussolini fue uno de los líderes italianos que exigió los territorios de los Balcanes, y su movimiento fascista unió a toda la gente que no estaba satisfecha con el resultado de la guerra, sin importar si eran veteranos de guerra, futuristas, nacionalistas o socialistas. Cuando llegaron las elecciones de 1921, el Partido Nacional Fascista obtuvo menos del 2% de los votos. Esto se debe a que, en ese momento, su política no estaba organizada y no tenía identidad política. Los socialistas se negaron a entrar en una coalición con Giovanni Giolitti, el primer ministro italiano. En su lugar, amenazaron con una revolución para establecer una república. Cuando Giolitti se dirigió a Mussolini y a los fascistas, estos también rechazaron la coalición y se unieron a los socialistas. Los socialistas ya eran el mayor partido político de Italia y, al aceptar a los fascistas, abrieron el camino para que Benito Mussolini reclutara gente de sus filas. En solo tres años, los fascistas se hicieron lo suficientemente poderosos como para iniciar un gobierno.

En ese momento, Mussolini empezó a hablar de la revolución fascista. Su ideología era una combinación de tradicionalismo, futurismo, conservadurismo y revolución. El fascismo se basaba en el pasado, pero de alguna manera se las arreglaba para pensar en el futuro. Mussolini vestía a sus seguidores con camisas negras y pronto se convirtieron en una organización paramilitar que a menudo golpeaba a sus oponentes hasta someterlos. Como el fascismo es tan contradictorio, hoy en día sigue siendo muy difícil encontrarle la coherencia intelectual. En los años 30, Mussolini empezó a hacer desfilar a sus seguidores fascistas. Había más uniformes en las calles, más discursos de su líder y miembros destacados, más censura y muchos gritos. Se oía "¡Patria y gloria!" que se gritaba en las calles. Mussolini era recibido en todas partes con cánticos de "¡Duce!

¡Duce!" ("¡Líder! ¡Líder!"), y sus seguidores estaban cada vez más fascinados por el movimiento. Esta repentina transformación del fascismo que pasó de ser un partido político, que en un principio apenas tenía apoyo, a un movimiento masivo de personas, puede relacionarse con el ascenso de Adolf Hitler en Alemania.

Con el paso de los años, Mussolini fue cambiando su ideología poco a poco. Aunque al principio los fascistas toleraban a los judíos y no los consideraban una amenaza para el nacionalismo italiano, más tarde Mussolini afirmó que siempre fue antisemita. Sin embargo, hay pruebas de que varios judíos eran miembros cercanos del gabinete de Mussolini. Incluso su primera amante resultó ser judía. En 1938, Mussolini aceptó la filosofía nazi de la superioridad racial. Incluso la integró en su movimiento, afirmando que era un dogma político y evolutivo. Personas como los árabes, los negros e incluso los eslavos eran considerados inferiores, ya que el movimiento creía que solo los norteños de pelo claro y ojos azules eran capaces de gobernar. Esta era una extraña creencia que se impuso en Italia, ya que los ojos azules y el pelo rubio eran (y siguen siendo) rasgos poco comunes. Sin embargo, Mussolini afirmaba que había que expulsar a los judíos de la península para preservar la pureza de la raza italiana.

Durante el primer año de la Segunda Guerra Mundial (1939-1945), Italia se mantuvo neutral. Quizás esta vacilación se debió a que Francia, vecina de Italia, era demasiado poderosa. Mussolini era consciente de que el ejército italiano era débil, desorganizado e indisciplinado. Abrazó políticamente a Alemania, pero se negó a entrar en la guerra hasta que Francia fuera ocupada. Una vez que el gobierno francés huyó ante la invasión nazi, Mussolini intervino y se unió a Alemania en su ocupación. Probablemente esperaba ganar algunos de los territorios franceses derrotando al enemigo, que ya estaba de rodillas. El 27 de septiembre de 1940, Japón, Italia y Alemania firmaron el pacto que estableció las Potencias del Eje.

Inspirado por la victoria de Alemania en Francia, Mussolini hizo inmediatamente peticiones de territorios en Europa, África y Oriente

Medio, pero Hitler respondió que había que derrotar a los británicos antes de hacer tales planes. Los nazis persuadieron a los italianos para que utilizaran su ejército libio, que estaba estacionado allí desde el intento de Mussolini de conquistar África en 1938. Mussolini debía capturar el canal de Suez y derrotar a los británicos en Egipto. Sin embargo, estaba más interesado en la lucha en Europa, y decidió atacar Grecia. En octubre de 1940, trasladó sus tropas desde Albania a Grecia, donde el ejército enemigo, en inferioridad numérica, hizo retroceder a los italianos. Mussolini cambió entonces de opinión y ordenó un ataque en Egipto. Pero allí, los resultados fueron aún más desastrosos. El ejército italiano, bajo la dirección de Rodolfo Graziani, que más tarde se convertiría en ministro de Defensa, fue totalmente derrotado por los británicos. Más de 250.000 italianos formaban parte de la ofensiva egipcia, y 36.000 soldados británicos consiguieron derrotarlos en una serie de enfrentamientos. Hitler incluso se ofreció a enviar tanques alemanes con el ejército italiano a Egipto, pero Mussolini rechazó la ayuda, ya que quería que su ejército alcanzara la gloria pura. Al final, Hitler tuvo que terminar el conflicto en África con su propio ejército. Y en Grecia, donde el Ejército italiano había fracasado, Alemania tuvo que ir en su rescate. Como Alemania tuvo que desvivirse por ayudar a su aliado italiano, se pospuso la invasión de Rusia. Quizás esto fue lo que contribuyó a su derrota en el Frente Oriental. Pero lo que sí se sabe es que los fracasos de Italia colocaron a este país en una posición subordinada dentro del pacto del Eje.

La principal tarea de los italianos en este momento de la guerra era guarnecer los Balcanes mientras los alemanes y los japoneses hacían toda la lucha. En el sureste de Europa, los italianos demostraron ser muy sanguinarios. Persiguieron sin piedad a los guerrilleros yugoslavos (partisanos), y muchos civiles sufrieron, ya que los soldados italianos los acusaron de albergar al enemigo. Solo en Liubliana, las tropas italianas fusilaron a más de mil rehenes y a 8.000 civiles. Más de 35.000 personas fueron deportadas a campos de concentración.

En julio de 1943, las fuerzas angloamericanas desembarcaron en el territorio italiano. Pasaron los siguientes veinte meses avanzando lentamente hacia el norte, a través de los Apeninos, donde lucharon sin descanso contra los alemanes. En ese momento, el Gran Consejo italiano votó para devolver el mando del país a su legítimo rey, Víctor Manuel III. El rey nunca fue realmente depuesto, sino que compartió el poder sobre el país con Benito Mussolini. En última instancia, permitió la entrada de Italia en la guerra por su pasividad; de hecho, el rey permitió que Mussolini entrara en la Segunda Guerra Mundial en junio de 1940. Después de tres años de guerra, Víctor Manuel se dio cuenta de su error cuando las fuerzas aliadas se acercaron a Salerno. Finalmente, aceptó los términos angloamericanos de un armisticio. Pero incluso entonces, el rey se mostró inseguro y traicionó a sus nuevos aliados a la primera señal de ocupación alemana. Su ineptitud para organizar una defensa hizo que los nazis tomaran el norte de la península y avanzaran hacia el sur hasta Nápoles. El rey temió por su vida y huyó a Brindisi, abandonando todas sus obligaciones con el país y la guerra. En los Balcanes, los soldados italianos que lucharon en el bando del Eje fueron ahora detenidos por los alemanes, ya que Italia se puso oficialmente del lado de los Aliados. Casi un millón de italianos en los Balcanes fueron arrestados, pero solo 6.000 de ellos intentaron luchar por su libertad. Todos fueron asesinados por los nazis.

Cuando Víctor Manuel tomó el mando de las fuerzas militares italianas, Benito Mussolini fue detenido y encarcelado en una estación de esquí de los Alpes. Los alemanes tenían la oportunidad perfecta para salvar a su aliado, y lo hicieron, instalándolo como rey de Salo (la República Social Italiana), un nuevo estado fascista en el norte de Italia. Allí se reunieron los restos de los fascistas y nacionalistas italianos, que lucharon con orgullo por su nueva república. Pero Mussolini estaba desmoralizado y no tenía ningún poder real. No podía hacer nada, ya que era un gobernante títere bajo el talón de hierro de la Alemania nazi. Sin embargo, consiguió provocar a sus compatriotas italianos que se oponían a él, y crearon los partisanos italianos para resistir a la nueva República Social Italiana. Como resultado, estalló una guerra civil en el norte de la península italiana. En abril de 1945, con solo diecinueve meses de existencia, la República Social Italiana fue aplastada. Mussolini trató de escapar vestido de oficial alemán, con montones de dinero en los bolsillos. Fue detenido en el lago Como y pronto fue fusilado por los comunistas italianos.

Sin Mussolini y con la huida del rey Manuel, Italia tocó su punto más bajo durante la Segunda Guerra Mundial. La nación, recientemente unida, se encontraba dividida entre Alemania, Gran Bretaña y el dominio estadounidense. Al final de la guerra, los británicos y los estadounidenses no podían permitir que Víctor Manuel regresara, ya que era un traidor que había sido manchado por la política de la Alemania nazi. En su lugar, le obligaron a entregar el poder a su hijo, Humberto I. Sin embargo, Manuel se negó a abdicar e incluso insistió en quedarse en Italia. Esto le hizo increíblemente impopular entre el pueblo, que afirmaba estar en contra de que Italia se uniera a la guerra en primer lugar. Cuando se celebró un referéndum sobre la continuidad de la monarquía en 1946, el rey obtuvo 10.700.000 votos, pero eso no fue suficiente, ya que 12.700.000 personas votaron por la abolición de la monarquía. El príncipe heredero Humberto llegó a la conclusión de que su trono no era digno del derramamiento de sangre que se produciría si insistía en preservar la monarquía. Aceptó las elecciones y se exilió en Lisboa, Portugal. A los herederos masculinos de la familia real italiana no se les permitió regresar a Italia hasta 2002. Incluso entonces, se les obligó a prometer que renunciarían a su derecho al trono si querían visitar el país.

Conclusión

Tras la Segunda Guerra Mundial, Italia inició su lento y doloroso camino hacia un mañana mejor. Desgraciadamente, la nación volvió a dividirse y algunas regiones exigieron la separación. Para apaciguarlas, el gobierno de la República italiana aprobó la autonomía de Sicilia, Cerdeña, Val d'Aosta y Trentino-Alto Adigio. A ellas se unió Friuli-Venezia Giulia en 1963. En el norte había una gran concentración de personas que se negaban a admitir que eran italianos y que, en cambio, hablaban francés, alemán o alguna de las lenguas eslavas. Se produjo enfrentamientos de los democristianos y los comunistas italianos en el continente, ya que los primeros no querían ser gobernados por los llamados incapaces administradores comunistas de Florencia, Perugia y Bolonia. Se plantearon más demandas de autonomía, mientras que las regiones a las que se les había concedido antes la autonomía clamaban porque el gobierno comunista restringía su libertad.

Finalmente, en los años 70, el gobierno dividió Italia en las regiones que conocemos hoy. En la década de los 90, las regiones recibieron poderes autónomos en materia de turismo, transporte, bienestar y otros sectores. En 2008, se propuso que las regiones recaudaran sus propios impuestos, lo que descentralizaría el país. Parecía que Italia estaba a punto de aceptar la diversidad y el regionalismo. Pero el camino hacia este "federalismo fiscal" es largo, y el gobierno tiene que aprobar muchas más leyes para que las regiones sean completamente independientes desde el punto de vista fiscal.

Actualmente, Italia está dividida en veinte regiones. Cada una se subdivide en cientos de provincias y unos 8.000 municipios. Esto llevó a la duplicación de cargos gubernamentales, y se hicieron muchos esfuerzos para abolir las provincias. Sin embargo, los italianos no lo permitieron. Afirmaban que las provincias eran su patrimonio nacional y no las dejarían ir fácilmente. Si bien hoy el gobierno local es principalmente del dominio del municipio, los asuntos más amplios se tratan a nivel regional. A pesar de que Italia está oficialmente unida, cada región se enorgullece de ser una nación diferente. Aunque los italianos aman a sus compatriotas, la animosidad entre las regiones no es inaudita; sin embargo, hoy en día se reduce a un nivel de competencia amistosa. La diversidad italiana ha gravitado hacia la unificación desde la época clásica, pero el pueblo sigue dividido por sus diferencias culturales y regionales. ¿Cuál es el futuro de Italia? Sigue siendo tan imprevisible como su pasado, y solo el tiempo puede decirlo.

Vea más libros escritos por Captivating History

Referencias

Appianus, McGing, B. C., Appianus, & Appianus. (2019). *Roman History*. Cambridge, MA: Harvard University Press.

Badoglio, P. (1976). *Italy in the Second World War: Memories and Documents*. Westport, CT: Greenwood Press.

Bagnall, N. (2008). *The Punic Wars: Rome, Carthage and the Struggle for the Mediterranean*. London: Vintage Digital.

Bondanella, P. (1973). *Machiavelli and the Art of Renaissance History*. Detroit: Wayne State University Press.

Bradley, G. J., Isayev, E., & Riva, C. (2007). *Ancient Italy: Regions without Boundaries*. Exeter, UK: University of Exeter Press.

Bradley, H. (1910). *The Goths: From the Earliest Times to the End of the Gothic Dominion in Spain*. London: F. Fisher Unwin.

Daim, F., Dillon, J. N., & Smart, D. (2019). *History and Culture of Byzantium*. Leiden; Boston: Brill.

Eristavi, N. (2010). *From Celtic, Etruscan and Roman Hands: The Po River Valley and Modena (Mutina)*. München: GRIN Verlag.

Fell, R. A. (2013). *Etruria and Rome*. Cambridge: Cambridge University Press.

Gross, N. L. (1922). *The Papal States: Their Rise and Fall.* St. Francis (Wis.): St. Francis Seminary.

Hazlitt, W. C. (1966). *The Venetian Republic; Its Rise, Its Growth, and Its Fall 421-1797.* New York: AMS Press.

Kulikowski, M. (2007). *Rome's Gothic Wars from the Third Century to Alaric.* New York: Cambridge University Press.

Laven, P. (1971). *Renaissance Italy: 1464-1534.* London: Methuen.

MacNamara, E. (1991). *The Etruscans.* Cambridge, MA: Harvard University Press.

Mango, C. (2004). *The Oxford History of Byzantium.* Oxford: Oxford University Press.

Mikaberidze, A. (2020). *The Napoleonic Wars: A Global History.* New York: Oxford University Press.

Moser, M. E. (1989). *The "Southern Villanovan" Culture of Campania.* Ann Arbor: University Microfilms International.

Mussolini, B., Klibansky, R., & Lobb, F. (2000). *The Mussolini Memoirs 1942-1943: With Documents Relating to the Period.* London: Phoenix.

Prodi, P. (1987). *The Papal Prince: One Body and Two Souls: The Papal Monarchy in Early Modern Europe.* Cambridge: Cambridge University Press.

Rothenberg, G. E., & Keegan, J. (2006). *The Napoleonic Wars.* Washington, D.C.: Smithsonian Books.

Stierlin, H., & Stierlin, A. (2004). *The Roman Empire: From the Etruscans to the Decline of the Roman Empire.* Köln: Taschen.

Strachan, H. (2003). *The First World War.* Oxford: Oxford Univ. Press.

Wilson, P. H. (2017). *The Holy Roman Empire: A Thousand Years of Europe's History.* London: Penguin Books.

www.ingramcontent.com/pod-product-compliance
Lightning Source LLC
LaVergne TN
LVHW041642060526
838200LV00040B/1674